中央支持地方—人才培养和创新团队建设项目：民族地区乡村振兴战略与规划创新教学团队建设（项目编号：502219013）

西藏自治区社科基金（重点项目）：成长理论下的西藏旅游目的地竞争力时空演变及提升战略研究（项目编号：17AJY003）

西藏旅游目的地竞争力时空演变及提升战略研究

杨文凤 著

·南京·

图书在版编目(CIP)数据

西藏旅游目的地竞争力时空演变及提升战略研究/
杨文凤著.—南京：东南大学出版社，2022.9

ISBN 978-7-5766-0244-9

Ⅰ.①西… Ⅱ.①杨… Ⅲ.①区域旅游-旅游市场-
市场竞争-研究-西藏 Ⅳ.①F592.775

中国版本图书馆 CIP 数据核字(2022)第 175932 号

责任编辑：马伟 责任校对：子雪莲 封面设计：顾晓阳 责任印制：周荣虎

西藏旅游目的地竞争力时空演变及提升战略研究
Xizang Lüyou Mudidi Jingzhengli Shikong yanbian Ji Tisheng Zhanlüe Yanjiu

著　　者：	杨文凤
出版发行：	东南大学出版社
社　　址：	南京四牌楼 2 号　邮编：210096　电话：025-83793330
网　　址：	http://www.seupress.com
电子邮件：	press@seupress.com
经　　销：	全国各地新华书店
印　　刷：	广东虎彩云印刷有限公司
开　　本：	700mm×1 000mm　1/16
印　　张：	10.75
字　　数：	177 千字
版　　次：	2022 年 9 月第 1 版
印　　次：	2022 年 9 月第 1 次印刷
书　　号：	ISBN 978-7-5766-0244-9
定　　价：	49.00 元

本社图书若有印装质量问题，请直接与营销部调换。电话(传真)：025-83791830

前　言

旅游目的地是旅游活动产生地和旅游消费的发生地,也是旅游系统的核心组成部分。在这方面,国外的研究起步较早,而且形成了整套相对成熟的研究框架。国内的研究,主要是在积极吸收借鉴国外理论和研究成果的基础上,运用市场学、地理学、消费者行为学、社会学、历史学、人类学等多学科的理论对旅游目的地课题进行交叉研究,研究的趋势向本土化和精细化方向发展。有关旅游目的地的研究已经涉及多学科、多角度,由定性研究转向了从宏观到微观,与定量研究相结合的方向。

从2010年第五次西藏工作座谈会提出要将西藏建设成为重要的世界旅游目的地到习近平在庆祝西藏和平解放60周年大会上进一步提出西藏继续建设世界旅游目的地的指示要求,把六个"重要的"定位上升到一个新高度。其中建设"重要的世界旅游目的地"是治国方略、治藏方略和治边稳藏的关键性环节之一。中共十八大、十八届三中全会提出的"美丽中国""生态文明"以及"新型城镇化建设""全面深化改革"等国家战略,为推进西藏旅游与生态、文化、新型城镇化等方面的融合,为西藏建设重要的世界旅游目的地创造了前所未有的机遇。如此等等,建设世界旅游目的地成为西藏自治区党委、政府的重大战略部署。为助力世界旅游目的地建设这一目标的实现,本研究在梳理国内外相关文献研究的基础上,运用成长理论、生命周期理论和旅游目的地地域系统理论等研究西藏旅游目的地竞争力的内容,重点将地域系统理论与旅游目的地竞争力结合起来,把西藏旅游目的地作为一个系统和整体来研究,多层次多角度研究旅游目的地的建设问题,探讨旅游目的地竞争力战略选择,以及如何提升世界旅游目的地在时间和空间两个维度上的竞争力水平。采用系统论的思维方法,将游客和居民满意度评价、旅游资源游憩价值评价、旅游供给侧改革和旅游产业融合方式纳入旅游地域系统的分析框架,从系统的结构、功能和时空演变特征,建构基于旅游地域系统分解的旅游目的地竞争力分析框架,分析旅游系统演化对区域旅游目的地竞争力提升的作用规律；采用定性和定量分析方法，从微观到宏观分析西藏世界旅游目的地国际竞争力、旅游价值和旅游发展潜力评价，研究和评价结果为西藏自治区建设世界品质的旅游目的地战略和方案的制定，形成较为完善的旅游产业体系，实现增强旅游业可持续发展能力，提升国际竞争力、影响力，实现由旅游资源大区向旅游强区的跨越，建设具有高原和民族特色的世界旅游目的地的目标提供理论支撑和决策参考。

本研究的主要创新点之一是，立足旅游目的地地域系统理论，进行了理论的创新，将旅游地域系统与旅游目的地时空竞争力有机结合，立足旅游目的地竞争力，在相关理论研究基础上，厘清了旅游系统、旅游地域系统、旅游目的地和世界旅游目的地相关概念，运用旅游地域系统构建了旅游目的地供给、需求、支持、中介和调节系统五大子系统结构，并分析了西藏旅游目的地五大子系统发展现状。在此基础上，遵循旅游地域系统分异规律，将旅游目的地竞争力映射到前往旅游目的地的游客和本地居民旅游满意度评价、旅游目的地游憩价值评价、旅游目的地供给侧改革和旅游产业融合发展模式等上，以点带面阐述了西藏旅游目的地竞争力的演变。运用旅游地域五大子系统理论，对旅游目的地进行了分类并论述了西藏旅游目的地的类型和典型乡村生态旅游目的地类型的发展。运用旅游地域五大子系统理论，遵循旅游目的地竞争力时空演变规律，探讨西藏世界旅游目的地竞争力的生命周期时间节点和阶段的划分。运用主成分分析方法定量分析了西藏旅游目的地在全国区域竞争力排名和西藏世界旅游目的地竞争力的时空演变特征，提出了西藏世界旅游目的地竞争力提升的发展战略以及保障机制，实现旅游产业低碳化和可持续发展，提升旅游目的地国际竞争力，引导产业集聚、产品结构优化升级，提出旅游目的地的生态文明发展范式，实现西藏世界旅游目的地可持续发展。

创新点之二是，研究视角的多层次性。从旅游目的地宏观层面——政府顶层设计、国家发展战略层面，微观层面——旅游企业和旅游行业层面，以及旅游目的地居民和旅游者层面解读。

创新点之三是，研究内容的系统性。研究的重点内容是旅游目的地竞争力问题，以西藏旅游目的地为研究对象，把旅游目的地系统作为一个整体来研究，采用系统论的思维方法，将游客和居民满意度评价、旅游资源游憩价值评价、旅游供给侧改革和旅游产业融合方式纳入旅游地域系统的分析框架，从系统的结构、功能和时空演变特征,建构基于旅游地域系统分解的旅游目的地竞争力分析框架,分析旅游系统演化对区域旅游目的地竞争力提升的作用规律,探讨了旅游目的地地域系统模型、旅游产业融合发展和旅游产品供给侧改革方案等内容,系统探讨了西藏世界旅游目的地供给侧结构改革、竞争力评价及提升战略。

旅游目的地竞争力水平研究对国民经济发展有重要的理论和实践意义。国内外学者都十分关注旅游目的地竞争力研究。但是基于时间和空间两个维度的旅游地域系统与旅游目的地竞争力相结合的研究相对较少,而且旅游目的地地域系统理论和旅游目的地理论研究尚有不完善之处。本研究具有一定的理论价值,可以进一步丰富旅游目的地竞争力理论研究。在实践中,选择地球"第三极"——西藏作为旅游目的地研究对象具有重要的实践意义,在论述西藏旅游目的地地域五大系统发展现状、旅游目的地类型、生命周期划分和旅游目的地竞争力在全国的地位等基础上,提出提升西藏旅游目的地竞争力的发展战略,促进旅游目的地可持续发展。这对提升世界旅游目的地竞争力水平和保障旅游目的地长期健康发展都具有重要的实践意义。

不足之处:对旅游目的地危机方面研究不够深入,只在浅层次上进行了描述性分析,未做定量分析,有待进一步深入研究。

本书的撰写要感谢西北农林科技大学的刘超老师,刘老师供稿本书的第四章内容,对完整本书体系和丰富本书内容都有益处,在此表示衷心感谢!

由于时间仓促,本书难免有疏漏之处,望广大读者海涵,并提出宝贵意见。

杨文凤

目 录

1 绪论 ·· 001
　1.1 引言 ·· 001
　1.2 研究目的、研究意义 ·· 002
　1.3 研究内容、研究方法 ·· 003
　　1.3.1 研究内容 ··· 003
　　1.3.2 研究方法 ··· 003
　1.4 创新之处 ·· 004
　1.5 相关理论基础 ·· 005
　　1.5.1 系统理论 ··· 005
　　1.5.2 旅游地域系统理论 ··· 005
　　1.5.3 旅游目的地生命周期理论 ··· 007
　　1.5.4 地格理论 ··· 008
　　1.5.5 点—轴结构理论 ··· 009
　　1.5.6 产业融合理论 ··· 009
　　1.5.7 旅游可持续发展理论 ··· 010
　1.6 旅游目的地竞争力相关研究综述 ··· 011
　　1.6.1 数据来源与研究方法 ··· 012
　　1.6.2 基于CNKI数据的统计分析 ··· 012
　　1.6.3 研究结论 ··· 016

2 旅游目的地地域系统与竞争力理论分析框架 ···································· 017
　2.1 旅游地域系统(RTS)研究综述 ·· 017
　2.2 相关概念界定 ·· 020
　　2.2.1 旅游系统 ··· 020

        2.2.2 旅游区划和旅游地域系统 …………………………… 021
        2.2.3 旅游目的地 …………………………………………… 022
        2.2.4 世界旅游目的地 ……………………………………… 023
    2.3 构建旅游地域系统模型 ………………………………………… 023
        2.3.1 旅游地域系统模型结构 ……………………………… 023
        2.3.2 旅游地域系统驱动机制 ……………………………… 025
        2.3.3 旅游地域系统模型运行机制 ………………………… 026
    2.4 旅游地域系统演变的旅游目的地竞争力逻辑框架理论分析 …… 027
    2.5 西藏旅游地域系统模型实践分析 ……………………………… 028
        2.5.1 需求子系统 …………………………………………… 029
        2.5.2 供给子系统 …………………………………………… 032
        2.5.3 辅助子系统 …………………………………………… 041
        2.5.4 调节子系统 …………………………………………… 049

3 西藏旅游目的地满意度影响因素评价 ……………………………… 052
    3.1 引言 …………………………………………………………… 052
    3.2 数据获取与研究框架 …………………………………………… 054
        3.2.1 数据获取 ……………………………………………… 054
        3.2.2 研究框架 ……………………………………………… 054
    3.3 研究结果与分析 ………………………………………………… 055
        3.3.1 模型构建 ……………………………………………… 055
        3.3.2 变量的统计描述 ……………………………………… 056
        3.3.3 控制变量对游客满意度的多元回归分析 …………… 058
        3.3.4 自变量对控制变量和因变量影响的多元回归分析 …… 058
        3.3.5 游客满意度的影响因素分析 ………………………… 059
    3.4 结论与建议 ……………………………………………………… 060
        3.4.1 结论 …………………………………………………… 060
        3.4.2 建议 …………………………………………………… 061

4 西藏旅游目的地游憩价值评估 ……………………………………… 063
    4.1 TCM 研究进展 ………………………………………………… 064

  4.1.1　国外 TCM 研究进展 ··· 064
  4.1.2　国内 TCM 研究进展 ··· 065
 4.2　研究方法 ··· 065
  4.2.1　TCM 方法 ··· 065
  4.2.2　线性回归分析法 ··· 066
  4.2.3　调查问卷的设计 ··· 066
 4.3　调查研究 ··· 067
  4.3.1　调查实施 ··· 067
  4.3.2　调查结果 ··· 067
 4.4　结论与建议 ··· 073
  4.4.1　结论 ·· 073
  4.4.2　建议 ·· 074

5　西藏旅游目的地旅游供给侧结构性改革路径 ············· 075
 5.1　旅游供给侧结构性改革(TSSSR)综述 ······················· 077
 5.2　RST 模型的西藏旅游供给侧发展困境 ······················· 079
  5.2.1　旅游产品品质和数量供给与有效旅游需求不匹配 ··· 079
  5.2.2　旅游产品结构与有效旅游需求不平衡 ················· 079
  5.2.3　辅助子系统对旅游产品供给支撑作用不充分 ······ 080
  5.2.4　调节子系统与旅游产品开发不协调 ····················· 081
 5.3　西藏旅游目的地供给侧改革路径 ······························· 082
  5.3.1　全要素投入,提升旅游产品品质 ·························· 082
  5.3.2　全产业融合,实现旅游产品生态化 ······················ 083
  5.3.3　发展全域全时旅游,构建旅游产品多元化体系 ···· 084
  5.3.4　以市场化、信息化、智慧化为导向,优化旅游产品空间
     结构 ·· 085

6　西藏旅游目的地旅游产业融合发展 ······························· 087
 6.1　农旅融合典型案例——下察隅镇"猕猴桃产业+旅游业"模式 ··· 087
  6.1.1　察隅县旅游产业融合发展概况 ····························· 087
  6.1.2　猕猴桃产业发展概况 ··· 089

  6.1.3　猕猴桃产业融合发展模式 …………………………………… 090
  6.1.4　农旅融合发展的经验和启示 ………………………………… 092
 6.2　文旅融合典型案例——"民俗文化＋乡村旅游"模式 ……………… 093
  6.2.1　西嘎门巴村"门巴文化＋乡村旅游"融合发展模式 ………… 093
  6.2.2　西嘎门巴村文旅融合发展模式经验借鉴与启示 …………… 094
 6.3　农文旅融合典型案例——桃花节庆旅游发展模式 ………………… 094
  6.3.1　嘎拉桃花村节庆旅游发展模式 ……………………………… 094
  6.3.2　经验借鉴和启示 ………………………………………………… 095

7　西藏世界旅游目的地竞争力时空演变 ……………………………… 096
 7.1　西藏世界旅游目的地发展战略和建设背景 ………………………… 096
  7.1.1　战略背景 ………………………………………………………… 096
  7.1.2　建设背景 ………………………………………………………… 098
 7.2　西藏旅游目的地发展成就 ……………………………………………… 101
  7.2.1　开发旅游区生态旅游产品 …………………………………… 101
  7.2.2　旅游产品结构不断优化,产品品质不断提升 ……………… 102
  7.2.3　旅游产业发展规模不断扩大 ………………………………… 102
  7.2.4　旅游经济效益明显提升 ……………………………………… 103
 7.3　西藏旅游目的地面临的安全危机 …………………………………… 104
  7.3.1　旅游安全危机 …………………………………………………… 105
  7.3.2　公共安全事件危机 …………………………………………… 106
  7.3.3　生态安全危机 …………………………………………………… 107
 7.4　西藏旅游目的地类型划分与乡村生态旅游目的地类型案例
   分析 ……………………………………………………………………… 108
  7.4.1　西藏生态旅游目的地类型划分 ……………………………… 108
  7.4.2　典型乡村生态旅游目的地类型分析——林芝乡村生态旅游
     目的地 …………………………………………………………… 111
 7.5　西藏世界旅游目的地生命周期划分 ………………………………… 127
  7.5.1　研究设计 ………………………………………………………… 127
  7.5.2　西藏旅游目的地生命周期实证分析 ………………………… 128
  7.5.3　西藏旅游目的地生命周期阶段划分 ………………………… 132

7.6 西藏世界旅游目的地竞争力定量评价 ………………………… 133
   7.6.1 西藏旅游目的地竞争力主成分分析 ………………… 134
   7.6.2 旅游目的地聚类分析 ………………………………… 141
7.7 西藏世界旅游目的地竞争力的时空演变分析 ………………… 142
   7.7.1 时序上趋于稳定增长,地域综合竞争力末位 ……… 142
   7.7.2 空间布局不断优化,遵循点轴发展规律 …………… 143
   7.7.3 时空重心轨迹及发展趋势特点 ……………………… 144

8 提升西藏世界旅游目的地竞争力的发展战略 ………………… 146

8.1 立足资源禀赋,创新产品开发模式,拓展产业发展空间 ……… 147
   8.1.1 立足旅游资源禀赋,实施旅游资源的分类和分级保护
      策略 …………………………………………………… 147
   8.1.2 创新旅游产品多元化开发模式 ……………………… 149
   8.1.3 实施旅游产业融合发展战略,拓展产业发展空间 … 150
8.2 实施旅游目的地分类施策发展战略 …………………………… 152
8.3 优化区域旅游空间结构,采取"点—轴—面—圈—网"空间发展
   模式 ………………………………………………………………… 153
8.4 实施旅游目的地四化同步建设战略 …………………………… 154
8.5 西藏世界旅游目的地可持续竞争力保障机制 ………………… 155
   8.5.1 发展服务经济,提升服务质量,实现旅游服务精品化 … 155
   8.5.2 加强配套建设,构筑具有国际水平的旅游公共服务
      体系 …………………………………………………… 156
   8.5.3 统一西藏区域旅游整体形象,推行联合营销 ……… 156
   8.5.4 提升旅游教育水平,开拓国际化人力资源培养体系 … 157
   8.5.5 实施旅游产业生态化发展机制 ……………………… 158
   8.5.6 创新旅游目的地管理机制 …………………………… 159
   8.5.7 实施旅游危机预警机制 ……………………………… 159

1

绪 论

1.1 引言

旅游业是西藏的重要战略性支柱产业之一。2010年第五次西藏工作座谈会提出要将西藏建设成为"两屏"——国家安全屏障和生态安全屏障,"四地"——战略资源储备基地和高原特色农产品基地,以及中华民族特色文化保护地和世界旅游目的地。着重培育特色优势战略性支柱产业,提升现代农业发展水平,做大做强做精特色旅游业,支持发展民族手工业。到2020年农牧民人均纯收入和基本公共服务接近全国平均水平,可持续发展试验区和生态安全屏障建设区等,在建设生态文明进程中起到重要的核心带动作用。

习近平在庆祝西藏和平解放60周年大会上进一步提出西藏继续建设世界旅游目的地的指示要求,把六个"重要的"定位上升到一个新高度。其中建设"重要的世界旅游目的地"是治国方略、治藏方略和治边稳藏的关键性环节之一。党的十八大、十八届三中全会提出的"美丽中国""生态文明"以及"新型城镇化建设""全面深化改革"等国家战略,为推进西藏旅游与生态、文化、新型城镇化等方面的融合,为西藏建设重要的世界旅游目的地创造了前所未有的机遇。如此等等,建设世界旅游目的地成为西藏自治区党委、政府的重大战略部署。

本课题立足旅游目的地竞争力,在相关理论研究基础上,厘清了旅游系统、旅游地域系统、旅游目的地和世界旅游目的地相关概念,运用旅游地域系统构建了旅游目的地供给、需求、支持、中介和调节五大子系统结构,并分析了西藏旅游目的地五大子系统发展现状。在此基础上,遵循旅游地域系统分异规律,将旅游目的地竞争力映射到前往旅游目的地的游客和本地居民旅游满意度评价、旅游目的地游憩价值评价、旅游目的地供给侧改革和旅游产业融合发展模式等上,以点带面阐述了西藏旅游目的地竞争力的演变。运用旅游地域五大子系统理论,对旅游目的地进行了分类并论述了西藏旅游目的地的类型和典型乡村生态旅游目的地类型的发展。运用旅游地域五大子系统理论,遵循旅游目的地竞争力时空演变规律,探讨西藏世界旅游目的地竞争力的生命周期时间节点和阶段的划分。运用主成分分析法定量分析了西藏旅游目的地在全国区域竞争力排名和西藏世界旅游目的地竞争力的时空演变特征,提出了西藏世界旅游目的地竞争力提升的发展战略:①立足资源禀赋,创新产品开发模式,拓展产业发展空间;②实施旅游目的地分类施策发展战略;③优化区域旅游空间结构,采取"点轴面圈网"空间发展模式;④实施旅游目的地"四化"同步建设战略;⑤实施西藏世界旅游目的地可持续竞争力保障机制,实现西藏世界旅游目的地可持续发展。这对建立科学合理的政府规范体系,以及西藏世界旅游目的地的打造起到应有的咨询支持作用,为制定相关政策起到积极的理论指导和决策参考作用。

1.2 研究目的、研究意义

本课题研究目的主要有以下几点:第一,在梳理国内外相关文献研究的基础上,完善与丰富旅游目的地地域系统理论和旅游目的地旅游竞争力研究领域的内容,将地域系统理论与旅游目的地竞争力结合起来,探讨世界旅游目的地在时间和空间两个维度上的竞争力水平,以及如何提升旅游目的地竞争力战略选择值;第二,借鉴前人研究成果架构旅游目的地五大子系统体系,来测评西藏旅游目的地竞争力发展水平和分析西藏旅游目的地竞争力的时空演变特征,通过旅游目的地的游客和本地居民旅游满意度评价、旅游目的地游憩价值评价、旅游目的地供给侧改革和旅游产业融合发展模式等,以点带面阐述西藏旅游目的地竞争力的演变;第三,在论述西藏旅游目的地地域五大系统发展现状,旅游目的地类型、生命周期划分和旅游目的地竞争力在全国的地位等基础上,提出提升西藏旅游目的地竞争力的发展战略,从而促进旅游目的地可持续发展。

旅游目的地竞争力水平研究对国民经济发展有重要的理论和实践意义。国内外学者都十分关注旅游目的地竞争力研究。但是基于时间和空间两个维度的旅游地域系统与旅游目的地竞争力相结合的研究相对较少,而且旅游目的地地域系统理论和旅游目的地理论研究尚有不完善之处。本研究具有一定的理论价值,可以进一步丰富旅游目的地竞争力理论研究。在实践中,选择地球"第三极"——西藏作为旅游目的地研究对象,对提升世界旅游目的地竞争力水平和保障旅游目的地长期健康发展都具有重要的实践意义。

1.3 研究内容、研究方法

1.3.1 研究内容

(1) 相关理论研究。对旅游目的地竞争力研究综述、旅游供给侧理论、旅游地域系统理论、旅游目的地可持续发展理论、产业融合理论、旅游目的地生命周期等理论进行研究。

(2) 西藏旅游目的地服务水平评价。从游客和居民视角,运用满意度评价方法,对西藏旅游目的地进行满意度水平评价。

(3) 西藏旅游目的地游憩价值评价。利用ZTCM模型,对雅鲁藏布大峡谷的游憩价值进行评估,从而为合理开发当地旅游资源提供一套理论方法和依据。

(4) 从旅游产品角度,运用旅游地域系统理论,探讨旅游产业的供给侧改革方案,提升旅游目的地竞争力。在梳理旅游地域系统理论基础上,构建了创新型旅游地地域系统;运用系统分析方法,探讨西藏旅游产业发展路径;从旅游产品设计、旅游产品空间结构和产品体系、旅游区域合作和全域旅游发展方面提出西藏旅游供给侧改革方案。

(5) 从旅游目的地建设的支撑产业——旅游产业角度,探讨旅游产业融合模式。主要研究旅游业与农业、文化产业的融合模式。产业融合的核心在产业生态化发展路径。探讨旅游产业链延伸,形成新业态,构建产业融合创新模式,提升产业竞争力,引导产业集聚。

(6) 西藏旅游目的地竞争力评价。运用旅游目的地生命周期理论和主成分分析方法、聚类分析方法,分析西藏旅游目的地竞争力的时空演变特征,重点从时间序列和横向对比角度探讨西藏旅游目的地发展和演变规律,提出西藏旅游目的地时空格局发展战略提升方案。

1.3.2 研究方法

(1) 文献研究方法。通过查询国内外文献数据库,研究分析有关旅游目的地竞争力的一些基础理论，获悉旅游目的地竞争力和旅游地域系统理论研究现状和最新研究进展，从中找到研究所需要的理论支撑、研究方法，以及前人研究的不足与展望，争取可能的创新。

（2）系统分析方法。采用系统论的思维方法，将游客和居民满意度评价、旅游资源游憩价值评价、旅游供给侧改革和旅游产业融合方式纳入旅游地域系统的分析框架，从系统的结构、功能和时空演变特征，建构基于旅游地域系统分解的旅游目的地竞争力分析框架，分析旅游系统演化对区域旅游目的地竞争力提升的作用规律。

（3）综合分析方法。西藏旅游目的地建设研究，涉及层面较多，既有宏观层面的国家政策，又有中观产业层面的理论问题，还有微观层面的涉及目的地和游客、企业的理论问题。因此，本研究综合运用经济学、管理学、生态学、社会学等领域的分析方法对问题进行综合分析。

（4）定性和定量分析方法。本研究在定性分析的基础上，运用定量分析方法、旅游目的地竞争力评价等方法对西藏旅游目的地竞争力、游憩价值等进行评估。

（5）问卷调查方法。

1.4 创新之处

（1）在研究对象上，以西藏旅游目的地为研究对象。西藏地处青藏高原，是生态环境脆弱地区，也是重要的世界旅游目的地。研究高原旅游目的地建设问题，对完善旅游目的地建设标准和安全体系理论具有意义。

（2）在研究内容上，把旅游目的地系统作为一个整体来研究，从旅游目的地竞争力时空格局构建的角度，全面研究旅游目的地竞争力差距与战略提升问题。

（3）在研究方法上，采用系统论的思维方法，将游客和居民满意度评价、旅游资源游憩价值评价、旅游供给侧改革和旅游产业融合方式纳入旅游地域系统的分析框架，从系统的结构、功能和时空演变特征，建构基于旅游地域系统分解的旅游目的地竞争力分析框架，分析旅游系统演化对区域旅游目的地竞争力提升的作用规律。

1.5 相关理论基础

1.5.1 系统理论

"系统"在古希腊语中表达由部分构成的整体的意思。"系统"一词在古希腊的诞生,标志着系统思想的形成。系统理论,目前学术界公认是由贝塔朗菲最早提出的。贝塔朗菲认为,系统是由各个要素之间相互关联、相互作用共同构成的不可分割的整体。他强调系统的整体观念,指出一旦要素脱离整体就将失去要素的作用,并用亚里士多德"整体大于部分之和"来反驳以局部说明整体的观点[1]。系统理论认为,系统是普遍存在的,世界上的任何事物都具有整体性、动态平衡性、关联性、等级结构性等基本特征,可以被当成系统加以分析,用系统的思想了解其结构,探索其功能,并研究其与构成要素和环境三者之间的关系以及它们的变动规律[2]。系统理论的出现,将人类由遵循了几百年的单项因果决定论思维方法引入能够反映事物内在联系的整体思维方法,这是人类思维方式的一次重大转变,为解决现代复杂问题提供了一种行之有效的思维方式[3]。

1.5.2 旅游地域系统理论

基于研究视角的不同,国内外学者给出的旅游地域系统的定义也不尽相同,有的复杂,有的相对简单,所包含的要素也有很大差别。通过分析,这些观点大致可以分为两类,即将旅游客源地考虑在内的宏观上的旅游地域系统和不考虑旅游客源地的微观上的旅游地域系统。前者从整体出发,把旅游客源地系统作为一个子系统进行系统要素的分析,后者仅仅研究旅游活动所在的地域实体空间系统[4]。这两类观点的基本内容总体上一致,都认为旅游地域系统是一个由复杂的要素组成的区域的综合体,这个有机整体是由旅游诸要素在特定的地域空间上相互关联、相互作用而构成的,是旅游系统在特定地域空间上所表现出的

---

[1] 冯·贝塔朗菲.一般系统论:基础、发展和应用[M].林康义,魏宏森,译.北京:清华大学出版社,1987.
[2] 胡亚光,吴志军.基于营力系统理论的旅游产业发展评价及其耦合协调[J].江西社会科学,2020,40(10):58-67.
[3] 梁莹.优势视角与系统理论:社会工作的两种视角[J].学海,2013(4):70-78.
[4] 李雪,董锁成,李善同.旅游地域系统演化研究综论[J].旅游学刊,2012,27(9):46-55.

一种形式。综合上述两种观点,考虑到管理在旅游活动中的重要作用,本研究认为,旅游地域系统是在特定的地域空间上由需求子系统、中介子系统、支持子系统、供给子系统、调节子系统五个一级子系统通过互相之间的紧密关联构成的多方面综合体。

旅游地域系统是旅游系统与地理空间的耦合,是一个社会—地理综合体,因此它既具有一般系统的特征,也具有地理空间特征,同时还具有社会性质特征。这样特殊的一个系统,其基本特征主要有以下几个方面:

(1) 整体性

旅游地域系统的整体性不仅包括职能上的完整,而且还包括地理空间上的完整。在职能上,构成旅游地域系统的各要素并不是孤立存在的,它们处于各自特定的位置,发挥着自己特定的作用,向着同一个目标行动。要素之间这种整体的关联是系统稳定存在的基础。在地理空间上,为旅游者提供旅游服务的各个部门在地域内相互协调进行着业务上的合作,看似分散的各个旅游地共同组成了区域旅游经济体系,这使得作为一个整体的旅游地域系统,其功能将得到发挥并且被放大。例如,某个旅游地的发展很可能带动地域内其他旅游地的共同发展,而它若臭名昭著也很可能影响整个旅游地域的口碑,阻碍地域内其他旅游地的发展。

(2) 地域性

在一定界限范围内发生的旅游活动是旅游地域系统形成的基础,因此,一个旅游地域系统必然对应一个完整的旅游地域,并表现出该地域独有的特征。该旅游地域的组合形成方式大致可以分为两类。第一类是以行政区域为界限的旅游地域。各行各业都需要受到政府的管理,旅游行业也不例外,政府管理的区域即是行政区域,各级行政区域对应不同级别的旅游地域系统。第二类是以相同或相似的旅游资源为依托的旅游地域。这些旅游资源或同山同水,或同根同源,在一定空间范围内集聚为旅游地,各个旅游地因其核心旅游吸引物相同集聚为具有明显边界的旅游空间区域。

(3) 开放性

一个系统与外部环境的密切关系程度是判断该系统是否为开放系统的标准。旅游地域系统区别于一般旅游系统的关键,是它额外具有的社会功能,其发展过程中始终需要与外部保持物质和信息等的交流形成能量转换,因此旅游地域系统具有开放性。旅游地域系统与外部环境之间是相互依存的关系,外部的自然、社会、经济等环境虽然对旅游地域系统有制约作用,但是旅游地域系统反过来也影响着这些外部环境。

(4) 动态性

旅游地域系统的需求系统和中介系统随着外部经济等环境的影响不断发生变化,供给系统的旅游产品也需要不断进行调整,这表明旅游地域系统并不是静止不变的,而是处于不断地运动当中。换一种角度来说,系统内部各要素的值都是稳定参数的情况只是理想状态,构成旅游地域系统的诸要素的值大都是随机的。旅游地域系统的自我调节功能使其内部结构不断发生改变,旅游地域系统经历从不稳定到稳定再到不稳定的不断转变,并在变化中发展。这便是旅游地域系统的动态性。

(5) 层次性

旅游地域系统的层次性主要表现在三个方面:地理空间方面,大的旅游地域系统包含着小的旅游地域系统,例如,省级旅游地域系统包含市级旅游地域系统,而市级旅游地域系统又包含县级旅游地域系统。要素结构方面,旅游地域系统分为多个子系统,各个子系统又可以分为诸多要素。功能方面,旅游地域系统有满足旅游者三个不同层次旅游需求的功能。这三个不同层次旅游需求包括基本层次、提高层次和精神层次的旅游需求。其中基本层次的旅游需求主要内容是游览风景,提高层次的旅游需求主要内容是娱乐和购物等,精神层次的旅游需求主要内容是宗教朝拜等。

1.5.3 旅游目的地生命周期理论

生命周期理论,最早是市场营销学中的一个概念。该理论被引入旅游领域,产生了旅游目的地生命周期理论。旅游目的地生命周期理论,是描述旅游目的地演进过程的一种理论。20世纪70年代以后,在旅游目的地的发展演化规律研究方面,西方学者提出了几个演化模型,如空间时间模型、发展中国家旅游空间模型等。被学者们广泛注意和应用的是巴特勒的6阶段周期模型,他将旅游目的地生命周期分为6个阶段,即探索、参与、发展、巩固、停滞、衰退或复兴阶段[1],

---

[1] 孟秋莉,刘住.试论旅游规划的动态发展[J].枣庄学院学报,2006,23(2):108-112.

用 S 形曲线来加以描述,如图 1-1。

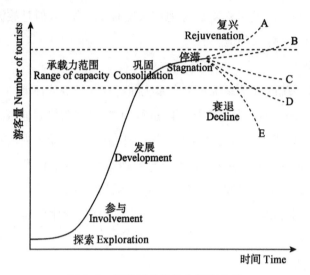

图 1-1　旅游目的地生命周期曲线

旅游目的地生命周期理论为总体上描述旅游目的地发展历程提供了一套模式。该理论也可用来分析旅游目的地的增长状况,预测旅游目的地未来发展趋势,并为旅游目的地管理决策者制定规划方案、进行市场促销等提供了长远的依据。

1.5.4　地格理论

在融合地理学的地方感理论和管理学的资源基础论的基础上,邹统钎提出了地格理论。地格理论认为,游客去往旅游目的地,是因为旅游目的地能够提供游客向往的另类生活方式。旅游目的地建设的核心是形成差异,构建有别于竞争对手的生活方式,这种差异的生活方式必须根植于地方,同时又是游客所期望的,有别于客源地游客日常生活,是竞争对手难以模仿的、无法替代的。

地格就是一个地方长期积累形成的自然与人文本质特征[①]。地格是人脉、地脉与文脉的有机合成,是一个地方生活方式的综合特征。难以模仿的地格所构成的竞争优势具有如下特征:地方特有;路径依赖;难以言传;难以替代。

---

① 李飞.基于乡村文化景观二元属性的保护模式研究[J].地域研究与开发,2011,30(4):85-88+102.

基于地格的旅游目的地建设过程,一个成功的旅游目的地品牌必须具有吸引力、独特性,且与定位相一致,它要体现旅游目的地的性格,最简单又令游客难以忘怀。旅游目的地的建设过程,就是在游客参与下构建地方化的另类生活方式的过程。旅游目的地品牌战略的确立是一个地格导向市场黏结的战略过程:提炼地格本质;桥接目的地与客源地之间游客的地方依赖;构建旅游目的地品牌;开发支撑生活方式的产品与服务;维持持久的竞争优势。地格的本质是地脉与文脉的综合体。

1.5.5 点—轴结构理论

陆大道提出空间组织过程中的"点—轴结构模式"。其中:"点"对应的是经济发展区域中的"增长极"的概念,是各级中心地,对各级区域发展具有带动作用;"轴"又可称为"开发轴线"或"发展轴线",在发展方向上,连接不同等级的发展中心形成相对密集的人口和产业带,具有辐射作用。点—轴结构的形成经历了一个时间过程,发展初始阶段的相对孤立的数个增长极,随着时间和空间的演变逐步发展成为具有一定空间网络立体结构的发展轴线[1],中心地和发展轴线共同作用形成具有较强经济实力和发展潜力的区域。

1.5.6 产业融合理论

随着科学技术的发展和经济发展方式的转型,融合化和生态化是21世纪产业发展的新趋势。这是产业发展的内生性规律的外在表现形式,也是产业发展对当今国际经济新特征和新变化的一种动态注释。这种发展模式是一种新的产业创新方式,它拓宽了产业发展空间,促使产业结构高度动态化与合理化,进而推进产业结构优化与产业发展。产业融合发展是维持可持续发展的一种实践手段,旨在倡导一种全新的、一体化的循环模式,即经济系统和环境系统具有高度的统一性的模式。在高原旅游产业融合发展的进程中,应构建旅游产业生态共生网络体系,实现西藏旅游产业发展方式的转变和结构优化升级,从而适应我国经济的新常态发展;为西藏自治区全面建成小康社会提供产业支撑,实现旅游产

---

[1] 秦志玉,胡秀丽,徐伟莲.基于区域经济理论的武汉市环城游憩带空间结构优化研究[J].湖北农业科学,2012,51(11):2382-2386.

业低碳化和可持续发展；提升产业国际竞争力，引导产业集聚，建立产业安全的生态预警机制。

1.5.7　旅游可持续发展理论

可持续发展理论是指在满足当代人需求的同时，又不会对后代人的需求产生危害的发展理念。然而人类在追求经济增长的过程中往往会忽略环境问题，这种做法短时间内可能会获取巨大的经济利益，长时间则会导致环境恶化、资源枯竭等问题。20世纪80年代之后，可持续发展理论在世界范围内被认可，同时国际社会也逐渐意识到旅游业与可持续发展之间的关系。一方面，旅游业以旅游资源为基础，依赖于自然的馈赠和社会遗产；另一方面，旅游业与其他行业相比，对环境的破坏力度更小，但却能实现经济的快速发展[①]。

旅游可持续发展的概念最早是由国家旅游局在20世纪末提出的。其产生的直接原因在于对近现代旅游造成的生态环境破坏的理性思考和对未来旅游的忧虑。它要求从哲学的高度来反思旅游行为，并承担起对未来世界旅游的历史责任。从严格的科学意义上来讲，旅游可持续发展并不是一个准确的概念，而只是一种理念。它不具备特定的发展模式，不同的旅游区域要根据当地特点采用不同的旅游发展模式，因而旅游可持续发展缺乏可操作性。旅游可持续发展是对不同区域的社会、经济、环境等情况进行分析，更关注评价的思路和目标，其目的是促进旅游的发展，关键在于以长远发展为出发点的可持续。虽然可持续发展的观点在旅游业中得到了重视并且传播迅速，可是在实践应用中的推广却发展得有些缓慢，而且还出现过理念上的偏差。曾经，因为只专注于旅游的可持续发展而忽略了区域的可持续发展，出现过旅游业同别的行业争夺资源的状况，带来的是区域资源破坏等问题。因此，旅游可持续发展应该从区域范围内考虑，在维持自身发展的同时有效地促进区域的可持续发展。可持续发展理论在旅游发展中的应用体现在：第一，旅游业的发展会带动当地经济的发展，为当地居民提供更多的工作岗位，从而提高当地居民的生活水平；第二，提高当地居民主人翁的意识，使其积极参与到保护环境、保护文化的行列中；第三，改变传统观念，因地制宜发挥资源优势，注重产品创新和产品设计，提高服务意识，从而满足游客

---

① 张建忠.旅游学概论[M].北京：中国旅游出版社，2015.

旅游体验需求。

1.6　旅游目的地竞争力相关研究综述

为了深入了解旅游竞争力研究现状,本课题利用 CiteSpace 软件对 1992—2020 年 11 月 1 日中国知网(CNKI)数据库(北大核心、CSSCI)660 篇旅游竞争力主题文献进行可视化分析,探讨了关于旅游竞争力的发展和研究的热点问题,结果表明:①围绕旅游竞争力的相关研究发文量经历了起步——快速增长——缓慢发展 3 个阶段;②通过分析作者合作网络图谱发现,绝大部分作者都是独立研究,作者之间的合作力度比较弱,有影响力的团队比较少;③通过分析机构图谱发现,个别研究机构发文量比较大,具有较强的影响力,但机构之间合作力度有待加强;④通过关键词共现图谱、关键词频次和中心性统计表,展示了关键词的频次、中心性,探讨了旅游竞争力的发展和研究热点问题。

旅游目的地是旅游活动的重要载体,目的地竞争力大小对当地旅游业可持续发展具有重要推动作用[1]。随着经济的发展,人们旅游需求和消费需求的升级,旅游竞争市场逐渐形成,因此旅游目的地竞争力的研究已成为旅游发展战略的重要内容。我国对旅游竞争力的研究开始于 20 世纪 90 年代,郝寿义、倪鹏飞以若干城市为案例,对城市旅游竞争力的概念、含义和测度进行了初步探究[2]。张春香提出区域文化旅游产业竞争力的"钻石模型",认为只有生产要素、企业发展、政府和机遇、需求条件、相关支持性产业共同作用,才能提升区域文化旅游产业竞争力[3]。徐知渊、陈丽君从指标体系、评价方法、竞争力提升 3 个方面回顾了国内外学者在旅游竞争力方面的研究成果,简述了国内与国外研究的差距与不同[4]。通过梳理以上研究笔者发现,关于旅游竞争力的学术文献与日俱增,学术成果纷繁复杂,因此需要借助恰当的文献计量工具对其进行整理和分析,以厘清学术研究热点问题。

---

[1]　李文龙,吕君,王珊.内蒙古入境旅游目的地竞争力空间格局特征与影响因素[J].干旱区地理,2019,42(2):404-413.
[2]　郝寿义,倪鹏飞.中国城市竞争力研究:以若干城市为案例[J].经济科学,1998(3):3-5.
[3]　张春香.基于钻石模型的区域文化旅游产业竞争力评价研究[J].管理学报,2018,15(12):1781-1788.
[4]　徐知渊,陈丽君.国内外旅游竞争力研究综述[J].中国农学通报,2011,27(30):325-328.

1.6.1 数据来源与研究方法

1）数据来源

本研究使用的中文文献数据来源于中国知网的中文核心期刊和中国社会科学引文索引(CSSCI)来源期刊，这两大期刊中的文献可以集中反映我国当前旅游竞争力现状和趋势，从而使数据更具代表性[①]。以"旅游竞争力"为主题进行检索，对检索的结果进行整理，最后筛选出660篇相关文献。需要说明的是，此次检索文献数据截止于2020年11月1日。

2）研究方法

CiteSpace是Citation Space的简称，译为"引文空间"，是由美国德雷克赛尔大学信息科学技术学院陈超美教授研发的，并在JAVA的环境下运行的一款多元、分时、动态的引文可视化分析软件[②]。它属于科学计量的范畴，能够直观清晰地展现专业学科领域的研究动态。本次研究主要借助2017年更新的CiteSpace 5.0.R5.64-bit版本软件，绘制关键词共现网络分析图谱、机构分析图谱等。具体操作流程如下：启用5.0.R5.64-bit版本的CNKI数据分析板块，时间切割分区设置为1年，设置时间跨度为1992—2020年，其他阈值设置为系统默认，依次进行作者分析、机构分析、关键词共现分析，并生成科学知识图谱。

1.6.2 基于CNKI数据的统计分析

1）发文量分析

通过对文献进行统计分析，可以看出，关于旅游竞争力的研究起步较晚，开始于1992年，但发文数量稳步增长，特别是在2004年以后增长明显。从发展阶段来看，其发展经历了起步——快速发展——缓慢发展3个阶段（图1-2）。1992—2004年是初步发展时期，总体来说，这一时期学术界对其关注度并不高，研究群体较少，研究力量不足，发表论文也不多。2005—2016年是旅游竞争力研究的第二个阶段，虽然有所起伏，但整体处于快速增长状态，发表文章最高达73篇。2017—2020年是旅游竞争力研究的缓慢发展阶段，研究成果趋于稳定，研究领域范围拓宽，研究方法更加多元化，研究内容更加深入。

---

① 郁琦,李山,高峻.基于CiteSpace的国际和国内乡村旅游研究热点与趋势比较分析[J].江苏农业科学,2019,47(15)：5-13.

② 李杰,陈超美.CiteSpace：科技文本挖掘及可视化[M].2版.北京：首都经济贸易大学出版社,2017.

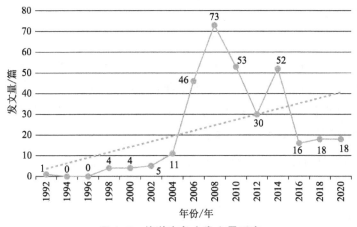

图 1-2　旅游竞争力发文量研究

2）发文作者分布

借助 CiteSpace 软件对 660 篇文献进行作者可视化图谱分析,可以识别该领域有影响力的作者及作者之间的合作关系。选择"Author"节点,设置阈值"TopN = 50",生成旅游竞争力研究作者图谱(图 1-3)。其中,共有 67 个节点,40 条连线,网络密度为 0.018 1,连线代表作者间的合作关系,连线粗细代表合作强弱,节点大小表示发文量多少。从图 1-3 中可以看出,只有一小部分学者之间相互有过合作,大部分学者处于独立研究状态,因此合作关系比较松散。主要形成了以李凡—郑坚强—李飞—黄耀丽、李悦铮—江海旭—陈晓等为代表的核心团队,部分作者个人发文量也比较多,在旅游竞争力研究方面颇有成果,值得我们借鉴和关注。

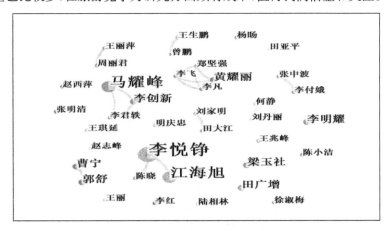

图 1-3　作者合作网络图谱

3) 研究机构分析

运用 CiteSpace 软件,选择"Institution"节点,对旅游竞争力进行机构合作的可视化分析,数据运行后得到图 1-4,图中节点为 53 个,连线为 13 条,网络密度为 0.009 4,说明国内有关旅游竞争力的研究规模小,各机构间有合作但不紧密,应进一步加强合作,促进研究机构之间的交流合作,形成较好的学术氛围。从图 1-4 中可以看出,中国科学院地理科学与资源研究所发文量最多,其次是陕西师范大学旅游与环境学院、辽宁师范大学海洋经济与可持续发展研究中心等。

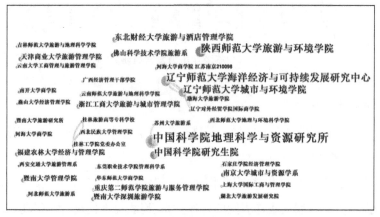

图 1-4　研究机构图谱

4) 关键词分析

关键词是文章中最核心的部分,也是对文章中心思想的高度概括。因而运用关键词知识图谱进行分析可以较好地反映学者的研究热点[①]。在 CiteSpace 软件中选择"关键词"为节点类型,以 1992—2020 年为研究时间段,设置阈值"TopN=50,TopN%=20",得到图 1-5。其中网络节点 122 个、连线 332 条、网络密度为 0.045。图谱中节点大小代表频次,连线代表关键词共现关系,连线粗细代表紧密程度。由图 1-5 可知,竞争力、旅游产业、核心竞争力、旅游资源等频次最高。

为了更准确地表现关键词的地位和关系,还可以将频次、中心性以表格的形式呈现,其中频次为关键词出现的次数,中心性表示该关键词在所有关键词中的地位[②]。

---

① 霍露萍.中国经济研究的热点与演化趋势[J].统计与决策,2020,36(9):43-48.
② 张蒙蒙,刘天平,杨建辉.精准扶贫研究的现状、热点与趋势:基于 CNKI 和 CiteSpace 可视化视角[J].中国农业资源与区划,2019,40(8):11-19.

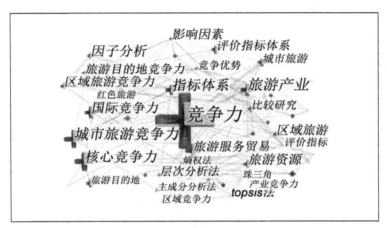

图 1-5 关键词共现图谱

选择频次最高的前 20 个关键词(表 1-1),可以发现,凸显研究主题的关键词非常多,其中竞争力(147)频次最高,其次是旅游竞争力(121)、城市旅游竞争力(38)等。与其他关键词关系最为紧密的是旅游竞争力,它与其他关键词存在共现关系;其次是竞争力、城市旅游竞争力和指标体系,它们与其他关键词联系也比较紧密。各个关键词的中心性分别为 0.56、0.55、0.18、0.16。

表 1-1 关键词频次和中心性统计

序号	频次	中心性	关键词	序号	频次	中心性	关键词
1	147	0.55	竞争力	11	18	0.03	城市旅游
2	121	0.56	旅游竞争力	12	16	0.1	因子分析
3	38	0.18	城市旅游竞争力	13	14	0.06	评价指标体系
4	36	0.07	核心竞争力	14	14	0.05	区域旅游
5	34	0.15	旅游产业	15	13	0.01	旅游目的地
6	27	0.11	旅游业	16	12	0.05	区域旅游竞争力
7	27	0.11	旅游服务贸易	17	12	0.03	topsis 法
8	24	0.16	指标体系	18	11	0.04	影响因素
9	23	0.08	旅游资源	19	11	0.02	层次分析法
10	19	0.07	国际竞争力	20	10	0.01	旅游产业竞争力

关键词共现图谱、关键词频次和关键词中心性能准确反映研究院所关注的重点与热点,由此可以看出旅游竞争力研究范围相对较广,涉及旅游区域、旅游

产业、旅游资源、研究方法等多个方面的内容。

1.6.3　研究结论

随着中国经济水平的快速发展,国家对旅游业发展的重视程度日益提高。本文通过检索中国知网 1992 年 1 月 1 日—2020 年 11 月 1 日发表的有关旅游竞争力研究的论文,得到有效参考文献 660 篇。利用 CiteSpace 可视化软件,并对其进行了分析,得出以下结论:

1)在研究机构和研究作者上

一些研究机构主要集中在经济比较发达的城市,像西藏、新疆这样旅游资源丰富的地区,对旅游竞争力的研究相对较少,重视程度也不够高;在研究作者方面,涌现出一批杰出的研究者,但由于研究者之间合作并不紧密,因此发文数量普遍偏低,研究具有一定局限性。因此,在今后的研究中,应深入旅游资源丰富区域的旅游融合发展研究,构建合作交流信息数据平台,加强跨学科、跨专业、跨区域合作。

2)在研究内容上

近 30 年关于旅游竞争力的研究取得了一定的研究成果。早期研究成果较少,2004 年以后,研究内容逐渐丰富。目前旅游正处于研究热点,应抓住这一契机,在旅游竞争力方面进行深入研究,充分发挥旅游优势,确保当地景区旅游地位和旅游业的可持续发展。

3)在研究方法上

在旅游竞争力研究过程中,国内一些学者还是以定性分析为主,侧重实例研究,但这对大量普适性或非典型性的旅游地区发展的研究帮助有限;还有部分学者以定量分析为主,通过一定量的数据对比,寻求旅游的核心竞争力,常见的方法有因子分析法、topsis 法、层次分析法等。定量分析可避免人为的情感因素,使研究逻辑更加严谨、科学。但定性与定量方法相结合的研究并不多,因此在今后的研究中可交叉应用多种研究方法,使旅游竞争研究向更深层次发展。

2 旅游目的地地域系统与竞争力理论分析框架

2.1 旅游地域系统(RTS)研究综述

现代旅游发展到1998年,正式确立为旅游产业后,旅游业才具有系统化特征。国外学者对旅游地域系统的研究始于20世纪20年代,研究主要包括旅游系统概念、结构和构成要素的界定,以及时空演变规律和发展区域等内容[1]。旅游地域系统的概念最初是以"游憩地域综合体"的形式被苏联地理学家 E. A. 科特里亚洛夫提出的,并于20世纪80年代被引入国内旅游研究[2]。

旅游地域系统理论发展到现在,其内涵和研究体系已很丰富。国外旅游地域系统的实践研究,主要从地理空间和要素角度构建了旅游地域系统的结构模型,最具代表性的有以下几种:1972年苏联地理学家普列奥布拉任斯基以旅游产业地域组织研究为理论基础提出地域游憩系统(TPC)模型;1972年甘恩从供需视角构建了完整的区域旅游功能系统模型[3];澳大利亚学者雷珀在1979年提出并于1990年重建了旅游地理系统模型;1995年澳大利亚学者雷珀提出旅游者、旅游业、客源地、旅游通道和目的地五个要素旅游地理系统模型[4],他认为旅游活动的发生都涉及地理因素,构建了旅游地理系统的空间系统,包括客源地、目的地、旅游通道以及旅游行业和旅游部门。

澳大利亚旅游学者 A. J. 维尔总结了雷珀模型的框架,提出了"O-D模型",

---

[1] 方磊,蔡寅春.旅游系统结构优化的理论与实证研究[M].成都:四川大学出版社,2014.
[2] 张亚林.旅游地域系统及其构成初探[J].地理学与国土研究,1989,5(2):39-43.
[3] GUNN C A, VAR T. Tourism Planning: Basics Concepts Cases (4th)[M]. New York: Routledge, 1972.
[4] LEIPER N. The framework of tourism[J]. Annals of Tourism Research, 1979, 6(4): 390-407.

此模型中既有甘恩的供需关系①,又有客源地和目的地的空间关系。1985年,穆勒(Mill)和莫里森(Morrison)从营销视角提出了与甘恩模型相似的模型,认为旅游目的地就是同一空间中功能互补的吸引物和服务两个要素的归并。1999年,美国学者麦克尔彻(McKercher)基于旅游目的地演化等问题,提出了基于混沌理论和复杂性理论的概念性旅游系统模型②。国内学者关于旅游地域系统研究的主要观点见表2-1。

表2-1 国内学者关于旅游地域系统研究的主要观点

研究时间	研究学者	主要观点
1989	张亚林	第一次较为系统地提出了旅游地域系统的概念
1998	吴必虎③	旅游系统包括：客源市场系统、出行系统、目的地系统和支持系统。除此以外还有支持系统
2011	赵磊④	认为区域旅游系统研究中的概念应用模糊,在对国内外区域旅游系统研究进行分析的基础上,提出了区域旅游系统关系网络模型
2017	宋涛等⑤	旅游地域系统是以旅游吸引物、旅游设施为基本要素的客观空间地域系统,其空间结构表现出开放性、自组织性等复杂性特征。文中首次运用分形理论对旅游景区、旅游酒店的聚集分维特征进行了研究,由此集成出旅游地域系统的空间分维特征
2016	甘静⑥	主要从某一区域如以最早发展边境旅游的东北地区为研究区域,从地缘经济、地域经济理论视角探索东北地区边境旅游地域系统的理论体系,研究东北地区边境旅游地域系统的内涵、特点、组织结构,对东北地区边境旅游的合作、发展进行探索性研究
2018	王成武等⑦	从旅游地域系统的视角解释旅游化的内涵,在此基础上构建了一个3层次、18个指标的旅游文化水平评价体系,试图相对全面地评价一个地区的旅游文化水平。采用正规化法和熵值法评价了旅游化水平,通过灰色关联度分析了影响因素
2018	王园园等⑧	高铁对吉林省旅游地域系统空间结构的影响,并在此基础上探讨其作用机制

---

① LEIPER N. Tourism Management [M]. Collingwood, VIC: Tafe Publication, 1995.
② MCKERCHER B. A chaos approach to tourism [J]. Tourism Management, 1999, 20(4): 425-434.
③ 吴必虎.旅游系统：对旅游活动与旅游科学的一种解释[J].旅游学刊,1998(1): 20-24.
④ 赵磊.基于网络视角的区域旅游系统概念体系辨析[J].北京第二外国语学院学报,2011,33(7): 15-25.
⑤ 宋涛,陈雪婷,陈才.基于聚集分形维数的旅游地域系统空间优化研究[J].干旱区资源与环境,2017,31(4): 189-194.
⑥ 甘静.东北地区边境旅游地域系统研究[D].长春：东北师范大学,2016.
⑦ 王成武,郭敏臣.基于旅游地域系统和GIS的旅游化水平测度研究[J].中国人口·资源与环境,2018,28(S2): 76-81.
⑧ 王园园,王荣成,王昱,等.高铁对吉林省旅游地域系统空间结构的影响[J].资源开发与市场,2018,34(1): 139-143.

(续表)

研究时间	研究学者	主要观点
2015	陈雪婷[1]	研究了黑龙江省旅游地域系统,发现地域系统内外部作用因子包括旅游发展的非线性趋势环境、东北地区的旅游发展环境及消费水平等因素
2013	付振兴[2]	以旅游地域系统为理论基础,从环太湖旅游地域系统的形成机制出发,从要素和空间两个方面对其进行系统性分析,展开整体性系统优化和主题性专项突破研究
2011	李雪等[3]	以青岛市旅游地域系统为研究对象,综合运用GIS空间分析、系统熵、旅游生态足迹等方法,从系统空间结构和系统功能两个角度对旅游地域系统时空演化过程进行了实证研究
2005	黎华群[4]	以长江三角洲旅游资源的分布格局及长三角旅游发展的整体性现状为出发点,从城市体系与区域旅游整体发展耦合的角度出发,引入了长江三角洲城市体系的规模结构、空间结构、交通网络结构和城市群内部经济联系的分析研究,构建长三角地域旅游城市网络体系的空间组织
2003	杨兆萍[5]	以新疆为研究对象,试图从旅游业系统工程角度探讨新疆旅游业最佳的发展模式、空间结构和发展途径。提出应进行客源市场宣传、旅游通道建设、内部精品体系建设的全方位旅游开发建设,并通过实施政府、管理部门、旅游企业、旅游科研教育的联动机制进行旅游业的系统开发和建设
2000	李波等[6]	运用Delphi和层次分析法,建立了川南旅游小区开发序位评价模型并评价了川南14个旅游小区的开发价值,在旅游地域系统理论基础上探讨了川南旅游地域开发的时空模式
2005	王庆生等[7]	结合现代旅游产业发展趋势,对原旅游系统模型进行补充完善,区域旅游系统包括旅游服务需求四个子系统
1998	杨新军、刘家明[8]	改进了甘恩的旅游功能系统模型,形成新的旅游功能系统,加入了市场因素,认为旅游目的地规划和开发要遵循旅游供给和需求导向
1999	王家骏[9]	从系统与环境的关系角度提出新的旅游系统模型
2006	王迪云[10]	提出了旅游耗散结构系统模型。将耗散结构与旅游系统结合在一起,这在旅游系统研究中是一种创新

---

[1] 陈雪婷.旅游地域系统的复杂性研究[D].长春:东北师范大学,2015.
[2] 付振兴.环太湖旅游地域系统分析与旅游业发展探讨[D].北京:北京林业大学,2013.
[3] 李雪,李善同,董锁成.青岛市旅游地域系统演化时空维分析[J].中国人口·资源与环境,2011,21(S2):246-249.
[4] 黎华群.基于城市体系的长江三角洲旅游地域系统研究[J].云南地理环境研究,2005(5):47-51.
[5] 杨兆萍.新疆旅游地域系统及其精品体系建设[J].干旱区地理,2003(1):57-63.
[6] 李波,李恒鹏,薛东前.川南旅游地域开发时空模式探讨[J].地域研究与开发,2000(1):78-80.
[7] 王庆生,陈一静,胡默言.河南省地域旅游系统分析[J].地域研究与开发,2005,24(4):92-95.
[8] 杨新军,刘家明.论旅游功能系统:市场导向下旅游规划的目标分析[J].地理学与国土研究,1998,14(1):59-62.
[9] 王家骏.旅游系统模型:整体理解旅游的钥匙[J].无锡教育学院学报,1999,19(1):66-69.
[10] 王迪云.旅游耗散结构系统开发理论与实践[M].北京:中国市场出版社,2006.

综观国内外学者关于旅游地域系统模型的研究,主要集中在两个方向:一是在旅游地域系统研究中加入空间维度;另一个是旅游地域系统的非线性特点。旅游地域系统的开放性特点,以及本质上的非线性自组织过程[①],使得旅游地域系统的研究具有复杂性和多观点。

国内学者对旅游地域系统概念的界定典型的有两类。一类是包含旅游客源地系统的旅游地域系统。另一类是包括旅游客源地系统的社会地理系统,包括旅游者、旅游资源以及通过一定的方式在一定地域范围内进行有机组合[②]。这两种旅游地域系统,都是自然、经济、社会和文化等要素组成的地域综合体,反映了旅游子系统要素间相互联系、相互作用形成的特定地域上的有机体。

2.2 相关概念界定

2.2.1 旅游系统

"旅游系统"的定义有狭义和广义之分。狭义指旅游相关要素的简单系统[③]。广义指的是客源地、目的地、交通、旅游支撑等要素的复杂系统[④]。广义旅游系统是一个具有"多元系统结构"的复杂系统[⑤],如图2-1所示[⑥]。

学者们从不同的研究视角提出了类型不同的旅游系统模型,代表性的旅游系统模型主要有4种:旅游功能系统、旅游需求供给系统模型、旅游复杂系统、旅游

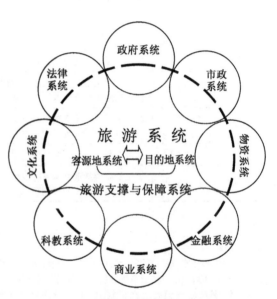

图 2-1 旅游多元系统结构示意图

---

① 赵磊.耗散结构机制下的区域旅游系统(RTSuDSM)研究[D].上海:华东师范大学,2010.
② 张亚林.旅游地域系统及其构成初探[J].地理学与国土研究,1989,5(2):39-43.
③ 徐正罡.旅游系统分析[M].天津:南开大学出版社,2009:16-19.
④ 同②.
⑤ 申葆嘉.旅游学原理:旅游运行规律研究之系统陈述[M].北京:中国旅游出版社,2010.
⑥ 陈雪婷.旅游地域系统的复杂性研究[D].长春:东北师范大学,2015.

地理系统模型。

综上所述,旅游系统是由旅游各要素相互作用、相互联系、相互制约、相互影响交织在一起的,具有一定的结构和功能特征的社会经济文化的旅游有机综合体。

2.2.2 旅游区划和旅游地域系统

旅游区划和旅游地域系统,是研究旅游空间结构的两种空间模式。中国学术界对旅游空间结构的研究,起源于经典的区划研究。在全国或区域性区划工作之外,多数省级行政区的旅游区划研究也受到重视,各省份不断推出各自的分区方案,有些省份甚至出现数个不同方案。在区划研究的基础上,一部分研究者将视角投向旅游地域系统研究。

关于旅游地域系统的概念,国内比较典型的有两类观点。一类是将旅游客源地系统包括在内的区域旅游系统[①];另一类是不考虑旅游客源地系统的旅游目的地系统,是由媒介、地域范围有机形成的一个"社会—地理"系统,反映的都是旅游子系统之间相互影响的集自然、经济和社会等众要素的地域综合体[②]。旅游系统具有区域性特征,在不断地发展中由低级向高级演进。

旅游系统中最重要的是旅游地域系统,它包含旅游资源、旅游区域旅游地结构、旅游生态环境、旅游路线、旅游中心城市等5个物质性内容。关于旅游地域系统的研究近20年在不断增加。一些学者认为旅游系统是供需和支持系统构成的开放动态的复杂系统,系统的演化遵循组织运行特点。许峰等指出旅游者将是整个旅游系统的核心,对传统旅游系统模型进行了重新架构;张树民等提出了中国乡村旅游地域系统。

本文所研究的旅游地域系统从人地之间的和谐关系视角来解释地理空间中复杂的旅游地域的人地关系,是具有一定的空间结构和功能,结合旅游活动中的游憩休闲与文化传播相互影响的地域系统,包含供需子系统、辅助子系统和调节子系统。

---

① 涂人猛.旅游地域系统及发展模式研究[J].开发研究,1994(3):26-28.
② 钟韵,彭华.旅游研究中的系统思维方法:概念与应用[J].旅游学刊,2001,16(3):48-53.

2.2.3 旅游目的地

随着我国旅游业快速发展,旅游业在国民经济产业中的份额不断增加,旅游业逐步成为推动产业结构调整、实现经济转型的重要动力。与此同时,伴随经济全球化的持续推进和新兴旅游目的地的不断涌现,全球旅游市场竞争也日趋激烈。在这样的大背景下,国内众多地区相继把建设国际旅游目的地作为战略发展目标。据不完全统计,目前国内已有 90 多个地区提出要建设成为国际旅游目的地或世界级旅游目的地,并以此为提升目的地发展质量和参与全球旅游业竞争的重要举措。在向这一更高发展目标迈进的过程中,我们迫切需要对旅游目的地建设的基本内涵与特征、发展动力、评价指标、发展规律与建设路径等理论问题进行深入、系统的研究[①]。

旅游目的地是指能够吸引游客获得多种旅游体验的特定的地理空间范围。旅游目的地包含旅游吸引物系统和配套服务系统。目的地是旅游活动中最重要和最有生命力部分,也是旅游接待的载体。旅游目的地一般具有以下特征:①空间范围的广泛性;②目的地包含多种利益相关者;③目的地具有独特形象;④目的地具有生命周期。

旅游目的地包含一系列吸引游客前往参观游览的基本要素,如图 2-2 所示。这些要素会影响游客对旅游目的地的选择和游玩的满意度。

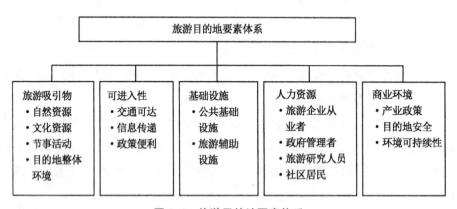

图 2-2 旅游目的地要素体系

---

① 高骏.建设世界级旅游目的地:长三角区域旅游发展规划研究[M].北京:中国旅游出版社,2013.

2.2.4 世界旅游目的地

目前，国际和国内并没有对世界级旅游目的地概念作出比较明确的界定，世界级旅游目的地应当是一个地理空间概念，具有区域性、综合性、空间性。世界级旅游目的地是指一定的地理区域内，具有可持续的旅游吸引力和核心竞争力的旅游目的地[①]。其内涵主要包括以下四个方面：①强大的旅游吸引力；②突出的核心竞争力；③广泛的国际影响力；④可持续性[②]。

2.3 构建旅游地域系统模型

2.3.1 旅游地域系统模型结构

库珀提出了旅游目的地的"4A"模型——旅游吸引物（Attractions）、可进入性（Accessibility）、设施和服务（Amenities）、辅助性服务（Ancillary service）；布哈里斯在库珀"4A"基础上增加了包价服务（Available package）和活动（Activities），提出了"6A"模型；格德纳等人从供给的角度，指出了旅游目的地构成的四要素——自然资源与环境（Natural resources and environment）、人文环境（Humanistic environment）、交通运输（Transportation），以及招待礼节和文化资源（Hospitality and cultural resources）。国内学者魏小安和厉新建认为旅游目的地要素一般包括三个层次的内容：一是吸引要素层次，以此为基础形成的旅游景区（点）是"第一产品"（Primary products）；二是服务要素层次，旅游地其他设施及服务作为"第二产品"（Secondary products），与旅游吸引物共同构成旅游地的整体吸引力的来源；三是环境要素层次，它是吸引要素和服务要素的组成部分，是旅游目的地的"附加产品"（Additional products）[③]。邹统钎认为旅游目的地的核心要素有两点：一是具有旅游吸引物；二是人类聚落，要有永久性的或者临时性的住宿设施，游客一般要在这里逗留一夜以上。

对比以上国内外学者对旅游目的地构成要素的不同观点，可以看出，布哈里斯的目的地"6A"模型，除了包价服务外，其他构成要素与国内学者的观点

[①] 康璇.生态美学视域下的世界重要旅游目的地建设：以乐山市为例[J].中共乐山市委党校学报（新论），2020，22（2）：43-48.
[②] 高骏.建设世界级旅游目的地长三角区域旅游发展规划研究[M].北京：中国旅游出版社，2013.
[③] 廖洁琳.都市旅游地选择的行为特征与影响因素研究：以上海为例[D].上海：上海师范大学，2012.

基本一致,即都包括吸引物系统、旅游基础设施与服务、基础设施体系等几大部分[①]。

综上所述,从要素和系统视角出发,根据旅游地域系统内部功能和结构,将旅游目的地地域系统分为需求子系统、供给子系统、辅助子系统(包括中介子系统和支持子系统)、调节子系统五部分。各子系统互相依赖,共同组成了旅游地域系统结构。各个子系统可再细分为一级系统、二级系统和要素层,详见表2-2。

表2-2 旅游地域系统结构

总系统	一级系统	二级系统	要素层
区域旅游综合体结构	需求子系统	客观要素	居民经济收入、旅游体验需求、旅游时间
		主观要素	观光游览需求、度假休闲需求、商务出差需求、探亲访友需求、文娱体育健身需求、健康疗养需求等
	供给子系统	物质性供给要素	自然旅游资源(景观)、人文旅游资源(景观)
		非物质性供给要素	农耕文化、民俗文化
		旅游目的地居民	风俗习惯、语言
	中介子系统	旅游信息与服务	旅行社、宣传媒体(报刊、网站、微信公众号)、学术研究部门
		旅游组织机构	旅游企业、旅游行业组织、旅游服务中心
		旅游通道	融媒体、交通通道
	支持子系统	硬件支持	旅游基础设施建设、交通设施建设、环境卫生保障、生态环境保护
		软件支持	科学管理、社会、政治、经济、文化
	调节子系统	政府	政府政策
		市场	产品价格机制、市场资源配置的基础性作用、供需系统的动态平衡机制
		生态	生态阈值调节、生态承载力调节、生态共生调节、生态容量控制

旅游地域系统结构中的需求子系统主要包括形成有效旅游需求的主客观因素,客观要素主要有"收入+体验+时间",主观要素主要有不同层次的旅游需求,如观光、度假、商务出差和健康疗养等。主观的旅游需求是推动有效旅游需求的驱动力,不同层次的旅游需求是开发具有地域特色旅游产品的基础。供给子系统主要包括旅游资源和居民两方面:旅游资源就是吸引物;居民既是旅游

---

① 邹统钎.旅游目的地开发与管理[M].北京:高等教育出版社,2011.

中一种特殊吸引力要素,又是旅游目的地资源的主要拥有者。支持子系统即旅游目的地满足游客的吃住行等需要的环境背景,是社会、经济、政治、文化与生态环境的统一,起到辅助作用,对旅游目的地竞争力与旅游产品供给有推动或制约作用,同时对游客选择旅游目的地和旅游体验满意度产生深刻影响。支持子系统要素包括硬环境和软环境。旅游中介子系统是一个将旅游产品转化为旅游消费品的中介环节,起到媒介的作用,其由各种传媒、宣传品、旅行社以及旅游交通等要素构成[①]。调节子系统主要包含三大要素层:政府、生态和市场。政府的政策和公共产品供给是用"看得见的手"调节旅游产业的发展,市场资源配置的基础性作用是用"看不见的手"调节旅游业的发展,而生态阈值、生态承载力和生态共生调节是用"第三只手"调节旅游产业的发展。旅游业的发展开发必须在生态环境的保护下才能实现可持续发展。

2.3.2 旅游地域系统驱动机制

旅游目的地地域系统是一个复杂的巨大系统,其内部需求、供给、中介、支持和调节五个子系统之间的密切联系和相互作用一起构成了旅游地域系统的驱动机制。需求子系统与供给子系统作为旅游地域系统的支柱系统,保障整个系统进行物质、能量、信息和要素的流动。在两者的相互作用关系中,需求子系统是主动的一方,因此也可以说需求子系统是旅游目的地地域系统的驱动力,但供给子系统也并不完全是被动的一方。首先,在游客客观和主观因素的双重作用下,产生了到旅游目的地进行一次旅游活动的需求。其次,这种需求在市场的引导下,促进了旅游目的地的旅游产品供给。最后,某些极具地域特色的旅游产品供给,反过来引致旅游需求的增加。中介子系统通过在需求子系统和供给子系统之间发挥桥梁纽带作用,实现了旅游需求与供给的动态平衡。在需求子系统方面,中介子系统组织旅游者进行旅游活动,为旅游者推荐、介绍旅游目的地供给的产品,对旅游者的消费行为进行引导;在供给子系统方面,中介子系统寻找适合推荐给旅游者旅游目的地旅游产品,同时依据旅游者萌生的新需求,引导供给子系统开发相对应的具有地域特色的旅游产品。中介子系统通过对需求与供给

---

① 张树民,钟林生,王灵恩.基于旅游系统理论的中国乡村旅游发展模式探讨[J].地理研究,2012,31(11):2094-2103.

的直接影响,间接为旅游目的地地域系统的发展提供了便利条件。支持子系统提供的环境支持为旅游目的地地域系统的发展提供了支撑。它对于旅游目的地市场需求起到鼓励和推动的作用,对于供给子系统起到引导、扶持的作用,这对于增强旅游目的地的吸引力有很大帮助。当供求关系通过支持子系统的辅助作用变得相互均衡,供给与需求子系统又将反过来作用于支持和中介子系统,对于它们有着促进建设的作用。四个子系统之间这种默契关系,对调节子系统起着协调可持续的作用。调节子系统是旅游目的地地域系统指挥棒,它参与整个旅游目的地建设过程,收集信息进行统筹安排,合理配置各个要素,从整体上调控管理旅游目的地地域系统的可持续运行。

2.3.3　旅游地域系统模型运行机制

系统是个统一体,各个要素间存在物质、能量、信息等的流动,整体观点是系统思想的精髓。旅游地域系统是系统理论在旅游领域的运用。按照旅游系统内部各要素功能和特点,区域旅游系统模型可以分为供需、辅助和调节子系统三大部分。在这个系统中,处于中心地位的是各个要素综合作用而形成的旅游主体能感受旅游体验感的旅游产品和产业支撑的旅游目的地,它们最终形成旅游目的地的竞争力。我们把这一模型称之为创新型旅游地域系统模型,结构如图2-3。从图2-3中可知,某区域的旅游地域系统与本区域的社会经济、文化和生态环境联系在一起。该系统表征的现象是由旅游资源开发形成的旅游产品体现出来的,旅游产品与区域旅游产业的发展共同形成旅游目的地,位于旅游地域系统的核心地位。旅游地域系统供给与需求决定了旅游产品的开发,旅游供给和

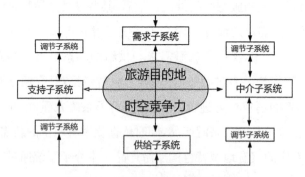

图 2-3　创新型旅游地域系统模型

需求以及辅助子系统(由中介子系统和支持子系统所组成),使旅游产业发展及与其他产业融合。每个子系统又由若干个要素所组成,相互影响,相互作用构成有机综合体。图2-3四个角上的主要是调节子系统,它由政府政策、市场机制和生态系统调价机制组成,影响着旅游目的时空的竞争力等。

2.4 旅游地域系统演变的旅游目的地竞争力逻辑框架理论分析

由概念界定和研究综述可知,旅游地域系统与旅游目的地时空竞争力是两个不同又具有逻辑关联的命题,二者共同构成时空维度下的旅游地域系统演变的旅游目的地竞争力这一研究主题。此研究主题由多维度、多层次及多要素构成,因此有必要对其进行内容解构,这里将其划分为旅游目的地地域系统与旅游目的地竞争力两大内容体系,对两大内容体系的分解及逻辑关系辨析是分析的重要理论基础和本研究的内容框架。

本文是理论逻辑结构下的实证分析,建立了旅游地域系统及旅游目的地时空竞争力的内容逻辑结构模式(如图2-4)。其中,旅游目的地地域系统部分,根据其概念界定,将其分解为供给、需求、中介、支持和调节五大子系统,这五大子系统映射到旅游目的地竞争力上分别为游客和居民满意度评价以及地域游憩价

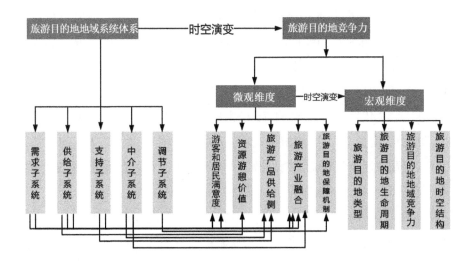

图2-4 旅游目的地地域系统时空演变的竞争力基本内容解构

值评估(供需系统)、旅游产品结构供给侧改革和旅游产业融合发展(辅助系统)、旅游目的地保障机制建立(调节系统)。结合理论与实践探索需要,这五大子系统映射到旅游目的地竞争力时间和空间维度上的内容有:旅游目的地类型的划分、旅游目的地成长的生命周期阶段的划分、旅游目的地地域竞争力定量分析、旅游目的地地域时空结构演变特征分析。五大子系统与各要素层之间各成体系而又逐级递进,共同构成旅游目的地地域系统演化的竞争力分析框架。

本研究将供给、需求、中介、支持和调节子系统界定为旅游地域系统的五大子系统,且前后关联、层层递进,在旅游地域系统中有着不同的功能定位。这五大子系统的时空演变及其旅游目的地竞争力是旅游目的地"生成—发展—成熟—衰退"的生命周期体现。这里,首先基于"旅游目的地游客和居民—旅游资源—旅游产品—旅游产业—旅游目的地"的时空演进规律进行分析,探讨五大子系统的逻辑递进关系及其在旅游地域系统中的功能定位,进而分析各子系统动态演变的竞争力的运行机制。综上就是旅游目的地地域系统时空演变的竞争力理论分析内容。

2.5　西藏旅游地域系统模型实践分析

西藏旅游业随着我国 1978 年的十一届三中全会的召开应运而生,从发展壮大到主导产业的确立再到被自治区定位为战略支撑性产业,旅游业俨然成为西藏经济发展和民生产业支柱之一。在发展过程中,西藏旅游业在全国所占份额较小,《2019 年中国文化和旅游发展统计公报》数据显示,全国共有 A 级旅游景区 12 402 个,全年接待总人数 64.75 亿人次,比上年增长 7.5%,实现旅游收入 5 065.72 亿元,增长 7.6%。旅游就业 7 987 万人,占全国就业总人口的 10.31%。2019 年,西藏全区累计接待国内外游客 4 012.15 万人次,实现旅游总收入 559.28 亿元[①],在全国占的比例分别为 0.62% 和 11%。

从西藏丰富的旅游资源来看,这一数据是不匹配的,西藏旅游业存在发展不平衡、开发不充分的问题。根据创新型旅游地域系统模型五大子系统,从微系统

---

① 谷莉婷.2019 年西藏实现旅游总收入 559.28 亿元同比增长 14.1%[EB/OL].[2020-04-22].http://www.tibet.cn/cn/index/travel/202004/t20200422_6767840.html2020-04-22.

研究西藏旅游供给侧问题。针对西藏旅游发展实践分析五大子系统的发展和困境，旨在为西藏旅游供给侧更精准地把握旅游需求和解决供给短板，以及创新旅游产品的供给与运行机制提供理论依据、战略思想和对策建议。

2.5.1 需求子系统

从经济学供需理论角度看，形成有效旅游需求需满足三个条件：可支配收入用于旅游消费（收入）＋旅游体验意愿（动机）＋旅游时间保证（闲暇）。当今世界的旅游业，早已经不是第三产业中一个普通的行业部门概念，而是产值超过石油与汽车工业的第一大产业，对世界 GDP 的贡献率超过 10%。改革开放以来，我国旅游目的地的发展经历了历史性跨越，旅游业全面融入国家战略体系，成为国民经济战略性支柱产业和重要的民生产业和幸福产业。

1) 旅游需求总量增长

数据显示，2018 年中国境内旅游达到 55 亿人次，年人均出游为 4 次，比上年同期增长 10.8%，实现旅游总收入 5.97 万亿元，同比增长 10.5%。2018 年全国旅游业总产值占 GDP 总量的 11.04%。在旅游消费需求量大的当下，马蜂窝发布的《全球旅游消费报告 2019》，从旅游消费新趋势、旅游消费变化两大方面进行分析，发现了国人对于旅行体验的需求在不断升级。中国进入大众旅游时代，由生产者社会转变为消费者社会，旅游需求呈现出主体大众化、形式多样化、空间扩大化、目的休闲化趋势[1]。

2018 年，全国人均可支配收入增长 6.5%，与此同时恩格尔系数降至 28.4%，旅游消费持续提升。数据显示，63% 的居民每年在旅游上的花费超过万元，从消费占比看，56% 的国民旅游花费占生活总消费的 20% 以上。从图 2-5 和图 2-6 中的历年旅游人次和旅游收入可以看出，我国旅游业总量呈现上升趋势，旅游需求旺盛。

西藏自治区自 2006 年青藏铁路通车以来，旅游业呈井喷式发展，详见表 2-3，旅游人次和旅游收入年均增长率逐年上升，"十二五"和"十三五"期间国内外游客对"地球第三极"的世界旅游目的旅游需求旺盛。

---

[1] 王克岭,董俊敏.旅游需求新趋势的理论探索及其对旅游业转型升级的启示[J].思想战线,2020,46(2)：132-143.

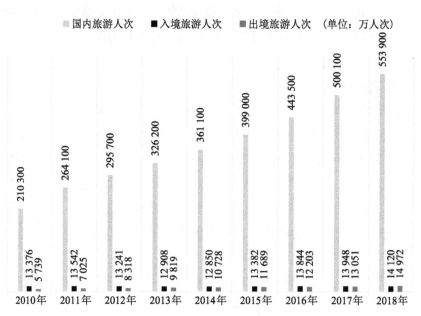

图 2-5　2010—2018 年国内旅游人次以及出入境旅游人次

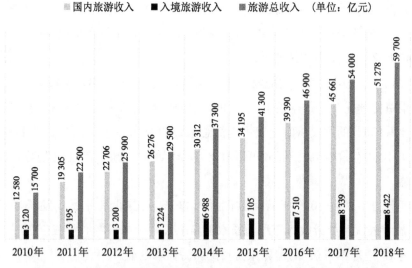

图 2-6　2010—2018 年国内旅游收入以及入境旅游收入和旅游总收入

表 2-3　2006—2018 年西藏自治区接待旅游者人数、旅游收入和旅游收入年均增长率

年份	接待旅游者人数（人次）	旅游接待者人数增长率(%)	旅游收入（万元）	旅游收入年均增长率(%)
2006	2 512 103	0.00	277 072.00	0.00
2007	4 029 438	60.40	485 160.00	75.10
2008	2 246 447	−44.25	225 865.00	−53.45
2009	5 610 630	149.76	559 870.00	147.88
2010	6 851 390	22.11	714 401.00	27.60
2011	8 697 605	26.95	970 568.00	35.86
2012	10 583 869	21.69	1 264 788.00	30.31
2013	12 910 568	21.98	1 651 813.00	30.60
2014	15 531 413	20.30	2 039 989.00	23.50
2015	20 175 305	29.90	2 819 203.00	38.20
2016	23 159 418	14.79	3 307 512.00	17.32
2017	25 614 300	10.60	3 793 700.00	14.70
2018	33 687 256	31.52	4 901 421.00	29.20

2）旅游需求品质（结构上）升级

在大众旅游、文旅融合、全域旅游的新时代，我国旅游消费需求由数量向需求品质上转向，旅游需求结构在优质旅游产品、出游时间和空间供给上表现出结构性失衡。由于地缘和独特的旅游资源因素，西藏旅游业从初期开发的科考型和探险型旅游产品发展到观光游览、度假休闲、商务出差、探亲访友、文娱体育健身、健康疗养等旅游产品，游客的需求品质在不断提升。从表 2-4、图 2-7 和图 2-8 中全国城镇居民和农村居民游客花费在这几类旅游产品上的费用可以看出，城镇居民和农村居民游客的花费集中在观光游览、度假休闲娱乐、商务出差和探亲访友旅游产品上，文娱体育健身和健康疗养旅游产品上花费所占份额很小。

表 2-4　2010—2018 年全国城镇居民和农村居民国内游客人数构成表

年份	项目	总人次数（亿人次）	出游率（%）	总花费（亿元）	人均花费（元）
2010	全国总计	21.03	157.4	12 579.8	598.2
	城镇居民	10.65	246	9 403.8	883
	农村居民	10.38	114.9	3 176	306

(续表)

年份	项目	总人次数(亿人次)	出游率(%)	总花费(亿元)	人均花费(元)
2011	全国总计	26.41	197.1	19 305.4	731
	城镇居民	16.87	253.5	14 808.6	877.8
	农村居民	9.54	141.5	4 496.8	471.4
2012	全国总计	29.57	220.7	22 706.2	767.9
	城镇居民	19.33	290.4	17 678	914.5
	农村居民	10.24	151.9	5 028.2	491
2013	全国总计	32.62	243.5	26 276.1	805.5
	城镇居民	21.86	328.4	20 692.6	946.6
	农村居民	10.76	159.6	5 583.5	518.9
2014	全国总计	36.11	269.6	30 311.9	839.7
	城镇居民	24.83	373.2	24 219.8	975.4
	农村居民	11.28	167.3	6 092.1	540.2
2015	全国总计	40	297.8	34 195.1	857
	城镇居民	28.02	421	27 610.9	985.5
	农村居民	11.88	176.2	6 584.2	554.2
2016	全国总计	44.4	322.63	39 390	888.2
	城镇居民	31.95	414.31	32 241.3	1 009.1
	农村居民	12.4	205.48	7 147.8	576.4
2017	全国总计	50.01	361.6	45 660.8	913
	城镇居民	36.77	463.7	37 673	1 024.6
	农村居民	13.24	224.4	7 987.7	603.3
2018	全国总计	55.39	402.83	51 278.3	925.8
	城镇居民	41.19	534.25	42 590	1 034
	农村居民	14.2	235.49	8 688.3	611.9

2.5.2 供给子系统

1) 西藏旅游资源开发

由于地域分异的原因,西藏形成了丰富独特的旅游资源,东部的高山峡谷、

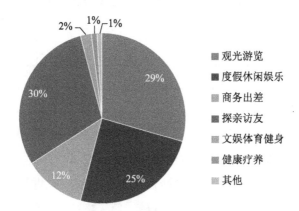

图 2-7　2017 年城镇居民不同旅游目的地占比

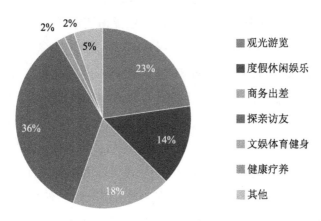

图 2-8　2017 年农村居民不同旅游目的占比

南部的高山湖泊盆地、北部的高原湖泊牧草区和中部的高山深谷区,以"地球第三极"著称的自然景观和以藏传佛教文化为特征的长期积淀的人文景观,具有高、特、丰、峻、美等特征。全国 165 个旅游资源基本类型中,西藏有 110 个、占 67%,在全国旅游资源系统中处于不可替代的重要地位。人文旅游资源涵盖了全部 4 个主类和 14 个亚类,拥有 64 个基本类型,占人文旅游资源类型总量的76%,详见表 2-5。

表2-5 西藏旅游资源类型与全国比较分析表

	主类	亚类	基本类型
全国	10	35	165
西藏	10	34	110
西藏占全国比例/%	100%	97%	67%

西藏资源以藏传佛教寺院、唐蕃时期建筑遗迹数量最多,最具特色。而更多体现民俗风情的人文活动类资源所包含的4个亚类、16个基本类型在西藏都有丰富的代表性资源。自然旅游资源具有知名度的如三大世界级景区:世界屋脊——青藏高原,地球之巅——珠穆朗玛峰,最深峡谷——雅鲁藏布大峡谷。其中雅鲁藏布大峡谷被称为"20世纪人类最后的地理大发现"。据调查,雅鲁藏布大峡谷自然保护区的旅游资源分为8个主类,27个亚类,98个基本类型,旅游资源单体多达295个。其中:特品级(包括五级)旅游资源单体15个,占5.1%;优良级(包括五级、四级、三级)旅游资源单体175个,占59.3%;普通级(包括二级和一级)旅游资源单体共110个,占37.3%。西藏共有各级各类风景名胜资源点1 424处,优良以上资源点598处,已开发A级旅游景区117处。其中,国家5A级2处、4A级15处、3A级46处、2A级38处、1A级16处。世界文化遗产1处,即"布达拉宫—大昭寺—罗布林卡";国家地质公园3处,即易贡、札达土林、羊八井;国家级风景名胜区3处,即纳木措—念青唐古拉山、雅砻河、唐古拉山—怒江源;国家森林公园9个,即巴松措、色季拉、玛旁雍措、然乌湖、姐德秀、班公湖、热振、尼木、比日神山;中国优秀旅游城市1座,即拉萨市;国家历史文化名城3座,即拉萨、日喀则、江孜;历史文化名镇2处,即山南市昌珠镇、日喀则市萨迦镇;国家历史文化名街1处,即拉萨八廓街;国家历史文化名村3处,即拉萨市尼木县吞达村、日喀则市吉隆县帮兴村、林芝市工布江达县错高村;自治区级风景名胜区16处;自然保护区面积占全区国土面积的34.35%,居全国首位。全区共有包括古遗址、古建筑、古丧葬在内的不可移动文物点4 277处,已登记各类文物保护单位1 914处,其中全国重点文物保护单位55处[①]。

可开发的旅游资源(自然景观类)有:天然草地13.34亿亩,约占全区总面积

---

① 西藏自治区人民政府.旅游及古迹[EB/OL].[2018-12-19].http://www.xizang.gov.cn/rsxz/qqjj/zrdl/201812/t20181219_33380.html.

的74.11%,位居全国第一位。林地面积1798万公顷,森林面积1491万公顷,森林蓄积22.83亿立方米,活立木总蓄积22.88亿立方米,居全国第一位。野生植物9600多种,其中855种为西藏特有,高等植物6600多种,苔藓植物700余种,蕨类和种子植物5900余种。食用菌有松茸等415种,药用菌有灵芝等238种。野生脊椎动物795种,全区大中型野生动物数量居全国第一位,有藏羚羊、黑颈鹤、野牦牛等。西藏拥有各类湿地面积652.9万公顷,占全区国土面积的5.43%,湿地面积居全国第二位,是我国湿地类型齐全、数量最为丰富的省区之一。西藏水资源丰富,湖泊众多,共有大小湖泊1500多个,总面积达2.4万平方千米,居全国首位,其中面积超过1万平方千米的有816个,超过1000平方千米的有3个,即纳木措、色林措和扎日南木措。西藏有冰川11468条,冰川面积达28645平方千米,占全国的49%。

据调查西藏现在具有世界影响力的极品级旅游资源29处(详细见表2-6),已开发可供参观游览的景区景点共有300多处,其中A级景区开发的数量为115(详细见图2-9)。同时拥有一大批优良级旅游资源,在全国乃至世界范围内具垄断性和独特性的优质旅游资源,为旅游产品的开发提供了广阔空间[①]。

表2-6 西藏极品旅游资源一览表

旅游资源类型	极品旅游资源单体
寺庙	大昭寺、桑耶寺、扎什伦布寺、萨迦寺
古城庄园	布达拉宫、八廓街(拉萨老街区)、古城王国遗址
民俗风情	藏族风情
山岳景观	珠穆朗玛峰、希夏邦马峰、南迦巴瓦峰、冈仁波齐峰、纳木那尼峰
河谷景观	雅鲁藏布大峡谷(墨脱)自然保护区
雪山	马卡鲁峰、洛子峰、卓奥友峰
现代冰川	雅弄冰川、恰青冰川
湖泊	玛旁雍措、羊卓雍措、纳木措自然保护区
峡谷河段	三江峡谷并流
其他	珠峰登山大本营、普若冈日冰帽、札达土林自然保护区、羌塘国家级自然保护区、罗布林卡、盐井盐田

资料来源:北京清华城市规划设计研究院、西藏自治区旅游局:《西藏自治区旅游发展总体规划研究报告(2005—2020年)》,清华大学出版社2008年版,第74页。

---

① 沙成禹.西藏文化旅游产品开发研究[M].上海:上海人民出版社,2016.

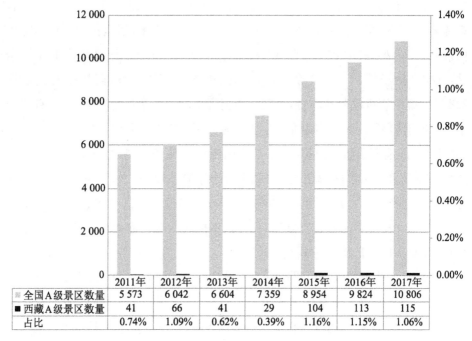

图 2-9 2011—2017 年全国 A 级景区数量和西藏 A 级景区数量占比

在中国国家地理杂志社评选出的 110 个"中国最美的景区"中,西藏有 9 个,林芝就占 5 个,其中雅鲁藏布大峡谷、南迦巴瓦峰、藏布巴东瀑布群名列峡谷、雪山、瀑布类之首。从以上西藏旅游资源的丰度和品级高度与旅游景区开发的数量上分析,西藏旅游资源的开发还处于初期阶段,发展潜力大。

2) 西藏旅游产品开发

旅游产品的开发是一项系统综合性工程,在区域旅游系统中处于核心地位。它是供给和需求旅游系统的中间桥梁,又得益于支持子系统和中介子系统,受制于调节子系统(政府、市场和生态)。旅游产品的竞争力是区域旅游业发展的关键因素之一。西藏旅游资源即属于资源产品共生型。

西藏旅游产品伴随着旅游产业的发展经历了三个发展阶段:

第一阶段:产业起步阶段(1978—2005 年)

西藏旅游业发展之初,由于各方面条件的限制,提供给游客的旅游产品仅仅只有科考型和探险型旅游产品。随着旅游软硬件设施的改善,逐步开发了文化旅游、徒步探险和风景游览重点区域,集中在拉萨—泽当区域、日喀则—江孜区域、阿里神山(冈仁波齐)—圣湖(玛旁雍措)区域、那曲区域(藏北草原)和林芝巴松措区域。

第二阶段：主导产业阶段(2006—2010年)

为了支持西藏旅游事业的发展，国家旅游局于2007年底决定在基础建设、导游服务、宣传推介等六个方面给予西藏支持与帮助，促使旅游业逐步成为西藏的主导产业。初步确立了西藏"世界屋脊·神奇西藏"的旅游主题形象。

在这一阶段，青藏铁路通车，林芝、阿里、日喀则机场相继通航，拉日铁路开工建设；以拉萨为中心的四条旅游环线正在加速实现"黑色化"；旅游接待人数不断攀升，西藏旅游业实现了"井喷式"发展，2010年，西藏接待旅游者达到685万人次，比2005年增长2.8倍，实现旅游总收入71.44亿元，比2005年增长2.7倍[①]。

据了解，区外游客来藏旅游多为自然生态观光、休闲度假，占比达到81%，而出于其他目的来西藏的比例均低于10%。登山探险和宗教朝拜的比例相对高于其他原因，分别为8%和4%。因此，这一阶段的旅游产品主要集中在自然资源类资源开发的观光休闲游览类旅游产品上，属于粗放式开发方式开发的旅游产品。随着文旅融合发展的需求，通过对民族历史文化的挖掘、培育和开发，与旅游业相结合实现文旅融合协调创新发展机制，开发创新型文化旅游产品，如珠峰文化旅游节、雅砻文化旅游节、大峡谷旅游节、羌塘恰青赛马节、康巴艺术节、象雄文化节等与节庆相关的品牌产品和在原有旅游产品如乡村生态文化游、藏家乐、文物古迹游、后藏探秘游、森林康养等产品中融入文化内涵，提升旅游产品品质[②]。

第三阶段：战略性支柱产业阶段(2011年至今)

西藏在"十二五"发展时期，统筹构建旅游产品体系：大力发展以"世界屋脊·神奇西藏"为主题的文化生态旅游产品，加快发展文化体验产品，规范发展森林生态观光产品，深入发展冬季旅游产品，稳步发展休闲度假产品，积极发展专项旅游产品，扶持发展乡村旅游产品，鼓励发展红色旅游产品，构建"高、精、特"旅游产品体系。

[①] 冯骥,陈林.从量到质的飞跃：西藏自治区"十一五"经济社会发展成就综述[N].光明日报,2011-04-01(4).
[②] 拉巴次仁.西藏多条旅游线路供你选[N].经济参考报,2006-06-27(7).

西藏"十三五"期间按照"特色、高端、精品"的要求,依托旅游发展空间布局,实施差异化发展,重点开发了拉萨国际文化旅游产品、林芝国际生态旅游产品、冈底斯边境旅游产品,开发了五大旅游圈(珠峰生态文化旅游圈、雅砻文化旅游圈、康巴文化旅游圈、羌塘草原旅游圈、象雄文化旅游圈)的特色产品和红色旅游精品。

根据各地(市)旅游资源的特点,自治区旅游局现场推介了包括"圣地拉萨·畅想幸福""神奇珠峰魅·力日喀则""诵读情诗·寻梦雅砻""醉美林芝·自驾墨脱""盐田温泉·多情康巴""旷野那曲·行摄天堂""天上西藏·梦幻阿里"7款旅游产品及线路[①]。

有学者将西藏旅游产品归纳为六大类:宗教文化旅游产品系列、民族民俗文化旅游产品、地文景观旅游产品系列、水域景观旅游产品系列、生态旅游产品系列、度假休闲型旅游产品系列[②]。

西藏经典的旅游线路有四条:圣城拉萨一日游、藏东最美林芝深度四日游、藏南雅砻文化四日游、西藏完美全景八日游[③]。

3)西藏区域旅游合作开发

(1)国内区域合作

从区位条件来看,西藏周边省份(自治区)主要有四川、云南、青海、新疆等。在区域合作方面主要与四川、云南联合开发大香格里拉生态旅游区,联合打造"318世界生态景观大道自驾自助游""川藏茶马古道生态文化体验游""滇藏茶马古道生态文化体验游"和"金沙江流域生态旅游走廊"等旅游线路和产品[④]。同时联合开展跨省区旅游产品营销,推出川藏线、滇藏线、大香格里拉生态旅游区等"一程多站"跨省区旅游产品和线路以及中远期的昆仑山生态旅游合作区。西藏以生态保护为根本,逐步提升完善片区内的旅游交通设施、旅游安全救援设施,探索建立大香格里拉国家公园;以青藏铁路、西宁—拉萨高速(规划)为交通轴线,积极探索建立大昆仑山生态旅游合作区。

---

① 张尚华."世界屋脊 神奇西藏"旅游产品及线路推介会暨战略合作框架协议签字仪式举行[N].西藏日报(汉),2014-06-21(2).
② 邓发旺,徐爱燕.西藏旅游产品开发思考[J].西藏民族学院学报(哲学社会科学版),2010,31(2):28-30+123.
③ 郭盛晖.中国旅游资源赏析与线路设计[M].北京:北京理工大学出版社,2016.
④ 常川.跨省"联姻"抱团出击[N].西藏日报(汉),2014-04-18.

青海强化与西藏旅游合作,2016年印发的《青海省"十三五"旅游业发展规划》提出,"十三五"期间,青海省将围绕"做优精品、做亮名品、做大新品"的要求,构建以"观光旅游＋休闲度假＋专项旅游＋新兴旅游"为主的多元旅游产品体系,推出青藏铁路高原观光列车,宣传营销青藏高原旅游品牌。

"唐蕃古道"旅游合作持续加强,西藏与各方共建"一带一路"。根据西藏自治区党委、政府安排部署,为深入"一带一路"沿线国家和地区的人文交流、旅游合作和产业发展,加强与甘肃省"唐蕃古道"旅游合作,自治区旅游发展厅党组书记、副厅长黄永清率西藏旅游投资集团有限公司、西藏则界文化创意发展有限公司、西藏明室文化传播有限公司、西藏第三极文化公司、西藏天利文化、西藏易博洋文化传媒,参加了第四届丝绸之路(敦煌)国际文化博览会、第九届敦煌行·丝绸之路国际旅游节、丝绸之路文旅商品展。参会代表分别参加了第四届丝绸之路国际文化博览会、第九届敦煌行·丝绸之路国际旅游节开幕式,在开幕式上还举行了"百、千、万"活动,即百家旅行社、千辆自驾车、万人游"三区三州"授旗活动。

在丝绸之路文旅商品展上,西藏旅游展馆的地域特色浓郁,参展的100余件旅游商品充分展现了西藏浓厚的文化底蕴和独特的民族手艺,吸引了参展嘉宾代表以及甘肃本地市民驻足参观、咨询,不少当地企业纷纷寻求合作,有意开发投资,为进一步做强做大民族手工艺产品奠定了基础。

西藏、青海省区为合作发展旅游产业,签订了《关于共同推进西藏青海旅游产业发展的合作协议》,开通青藏铁路旅游专列,打造"青藏天路风情体验线"旅游带,紧紧围绕"地球第三极"旅游品牌,聚焦在旅游线路的开发、旅游配套设施的建设以及旅游接待能力和服务水平、旅游信息化和智慧旅游建设等方面共谋发展,实现共享旅游经济,实现区域旅游一体化发展和无障碍区域旅游合作区建设,联合开发以提升青藏高原旅游大环线产品品质。如两省区合作打造"唐竺古道"旅游品牌,2017年、2018年先后开通了"唐竺古道"号品牌列车,经过两年的运营运送旅客超过140万人次。西藏与青海、四川、云南、新疆等周边省区联合营销,共同向国内外旅游市场推出"唐蕃古道""文成公主进藏""南丝绸之路"旅游、青藏铁路旅游、香格里拉生态旅游、茶马古道旅游等。

"三区三州"旅游扶贫协作开发。近几年,文旅部推进"三区三州"等深度贫困地区旅游扶贫工作,重点支持该区域旅游基础设施和公共服务设施建设,引导社会资本投资建设旅游新业态项目,开展旅游规划帮扶、旅游扶贫培训、典型示范引领等活动,培育旅游发展内生动力和长效机制。

旅游援藏合作。湘鄂皖三省与西藏山南签订旅游援藏框架合作协议:在2019中国西藏雅砻文化节上,湖南、湖北省以及安徽省与西藏山南市签订旅游援藏框架合作协议,共促山南旅游发展。旅游援藏资源,支持山南市旅游综合基础设施建设,提升山南市旅游服务整体水平,体现在引客入藏援藏、援助旅游宣传促销合作、援助旅游人才培养、援助旅游综合基础设施建设四个方面。

区内地市旅游合作。如2017年以世界旅游目的地建设为目标,西藏山南、拉萨、林芝三市共同举办了首届藏东南环线区域旅游战略合作活动,签订了区域旅游战略合作协议。通过4天的东环线踩线考察,挖掘西藏乡村旅游资源,开发旅游扶贫、旅游富民精品线路。西藏是重要的世界旅游目的地,经过多年发展,目前旅游业对西藏经济的综合贡献率达30%,成为西藏社会投资的热点和带动性强的综合性产业。再如2019年比如县举办"藏东藏北首届区域旅游合作论坛",通过论坛推介交流、文旅融合及开展全域旅游,藏东、藏北的旅游产业在旅游资源、旅游产品、旅游服务、旅游市场等方面通力合作,共同开发。

(2) 国际旅游合作

拓展国际旅游产品主要体现在做活五大国际旅游口岸。重点建设吉隆口岸,开展吉隆口岸跨境经济合作区前期工作,稳步提升樟木口岸,积极恢复亚东口岸,逐步发展普兰和日屋口岸。依托珠穆朗玛国家公园建设,积极争取国家相关部门对扩大开放边境旅游、边贸旅游等相关政策的支持,试行72小时区内落地免签等政策,加大樟木、吉隆、亚东等国际旅游口岸城镇的建设,共建中尼国际旅游合作实验区。同步国家南亚合作政策,举办南亚国际旅游文化创意博览会,适时推进该片区的区域旅游合作机制建设,共建南亚国际旅游合作实验区。

西藏与印度、尼泊尔等邻邦旅游合作。与印度、尼泊尔等邻邦积极合作,一方面开展与尼、印之间的边境旅游与出境旅游合作,开辟西藏至尼、印的旅游线路,针对许多游客从西藏去尼泊尔、印度旅游的市场需求,延伸西藏国内旅游链;另一方面面向国际旅游市场联合促销,逐步开辟西藏联通南亚的跨国旅游线,共同打造中国—南亚国际旅游轴线①。2000年成立中尼旅游联合委员会,进一步加快合作步伐。

国际国内开放扩大化。打造无障碍旅游区将成为一项重要任务,区内七地市将进一步加强交流合作;国内将进一步健全与重庆、四川、新疆、青海、云南等省(区)市和京津冀、珠三角、长三角等区域的合作机制;国际上,巩固与欧美、东南亚传统优势客源市场的合作,加快推动边贸城镇和口岸建设,积极打造冈底斯国际旅游合作区,把西藏建设成为中国与南亚旅游开放合作的重要平台。

2.5.3 辅助子系统

1) 旅游企业与信息服务

世界旅游及旅行理事会统计数据显示,2018年中国的旅游投资额为11 084.07亿元(1 615亿美元),同比增加了4.40%,稳居世界第二。"十三五"以来,旅游投资规模保持年均6.82%的增速。在文旅产业投资热的推动下,旅游产业成为社会投资热点和综合性开发的引擎性产业②。西藏旅游企业起步晚,发展速度快,总量和信息服务质量与全国平均水平还有极大差距。从图2-10可以看出,西藏自治区旅行社数量占全国的份额在"十三五"期间增速较快,截至2017年占到0.84%。从图2-11、图2-12可以看出虽然西藏旅行社营业份额占比低但是利润率高于全国,其他指标详见图2-13。

进藏游客信息来源主要是网络、旅行社推介会和朋友推荐以及微博、微信等新媒体,说明信息化已经成为西藏旅游传播推广的首要途径,实现旅游信息化已成为加快旅游产业发展不可逆转的方向和潮流。2007年西藏开通了"西藏旅游信息网",自治区旅游发展厅与高德地图在北京联合上线了"一张地图游西藏"服务平台③,使游客在线上可云游西藏共116家A级景区的美景。在"十三五"期间西藏加强了旅游信息化建设,包括资源库、旅游宣传网站、营销平台、主要旅游景区(点)信息及监控系统、西藏旅游电子导示系统、西藏旅行社及星级宾馆饭店

---

① 王媛媛.2020尼泊尔旅游年推介活动在西藏启动[EB/OL].[2020-01-16].http://www.tibet.cn/cn/travel/202001/t20200116_6736683.html.
② 王晓芳,胡静,谢双玉,等.2019中国旅游业发展报告[M].北京:中国旅游出版社,2020.
③ 西藏自治区旅游发展厅.中国西藏旅游."一张地图游西藏"上线,足不出户详看西藏116个A级景区[EB/OL].[2019-07-23].https://lyfzt.xizang.gov.cn/xccx/hzhd/201907/t20190723_118393.html.

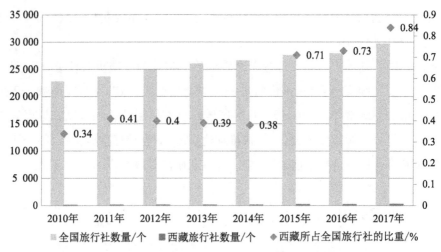

图 2-10　2010—2017 年全国和西藏旅行社数量

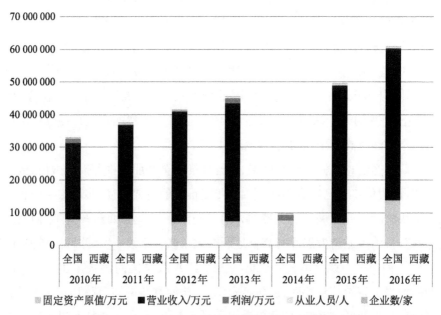

图 2-11　2010—2016 年全国和西藏旅行社主要经济指标

管理系统等的建设①。发展旅游电子商务,依托区内特色旅游资源,加快建设网格化、智能化的在线旅游电子商务平台,积极引进国内大型旅游电子商务平台,

---

① 次旦卓嘎.打造便捷可靠的资讯平台:解析西藏旅游信息化建设[N].西藏日报(汉),2011-10-14[6].

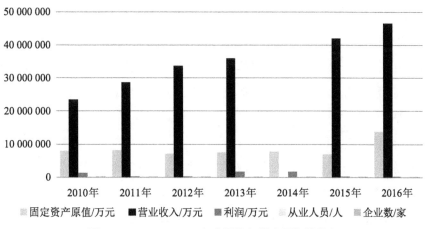

图 2-12　2010—2016 年全国旅行社主要经济指标

图 2-13　2010—2016 年西藏旅行社主要经济指标

设立区域运营中心,打造以电子商务为支撑的 O2O 现代旅游营销体系,开拓创新共享经济旅游模式,推动在线旅游市场快速发展。开展智慧旅游景区建设。编制智慧旅游景区规划,出台支持政策,开展智慧景区试点,构建智慧景区综合服务平台,依托景区管理平台及旅游中心所提供的各类信息数据,通过智能移动终端设备、景区 LED 屏、导游机及北斗设备,为游客提供实时、便捷、高效的信息服务和救援服务。通过景区地理信息系统建设、景区门户网站建设、电子门禁系统建设、办公自动化建设及配套系统建设,实现景区资源监测、运营管理、游客服务、产业整合等功能。在国家旅游信息化合作方面,主要以西藏为核心建设中国—南亚信息港,依托信息网络与尼泊尔、印度等南亚国家及国际组织间广泛开展基于互联网的技术合作、信息共享、人文交流、经贸服务合作,形成具有一定影响力的"信息丝绸之路"区域经济带,进一步推动旅游信息资源在南亚各国间的开放共享。

2) 旅游通道

旅游是一种异地活动,旅游者在居住地、旅游目的地以及旅游景点之间转移,空间的位移与转换都需依靠旅游交通来完成。交通线就是生命线,旅游交通是西藏发展旅游业的首要条件,是旅游业的命脉。西藏路长游短,大部分时间在路上,因此交通便利是提升西藏旅游体验感的重要条件之一。

2019年西藏全年旅客运输周转量130.61亿人公里,增长4.4%。其中:铁路运输18.08亿人公里,下降4.1%;公路运输27.23亿人公里,下降2.6%;民航运输85.30亿人公里,增长9.0%(数据来自《2019年西藏自治区国民经济和社会发展统计公报》)。西藏铁路营业里程在2006年实现了零的突破为531公里,2018年增长为789公里;2006年公路里程为44 813公里,2018年达到97 784公里。铁路、公路和民航三大骨架旅游通道的客运量逐年增加(详见图2-14、图2-15),极大提升了游客出行便利性,缩短了游程。除此以外,景区直通车也提升了游客进入景区的速度。2017年拉萨交通产业集团为方便游客出行开发了"牦牛出行"APP,景区直通车"牦牛巴士"并逐步开通全自治区各知名景区的精品线路。5个机场,48个通航城市,92条国内国际航线和新建的3个支线机场,将大幅提高机场的智慧化水平[①]。

3) 旅游餐饮和住宿

随着入藏游客的增加,旅游餐饮和住宿行业也迅速发展壮大,具有民族特色的餐饮与日俱增,藏家乐和各类民宿比比皆是,星级以上饭店和住宿的发展数据详见表2-7。从表中可以看出,全国星级饭店和西藏星级酒店数量是不断增长的,经营收入也逐年增加。

---

① 代玲.西藏推动构建全时全域全业旅游新格局[EB/OL].[2019-04-11].http://www.ce.cn/culture/gd/201904/11/t20190411_31833784.shtml.

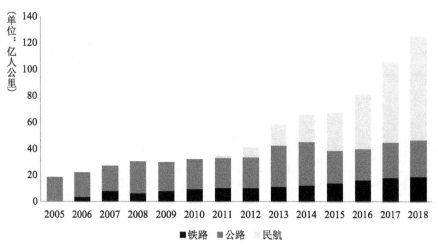

图 2-14 2005—2018 年西藏旅客周转量总计

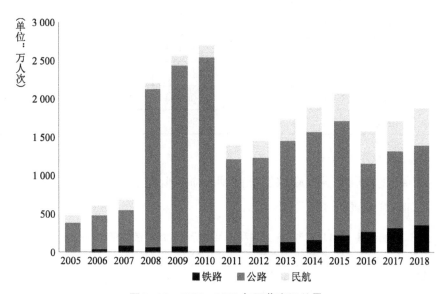

图 2-15 2005—2018 年西藏客运总量

表 2-7 2010—2017 年全国和西藏星级饭店基本情况一览表

年份	地区	饭店数（家）	客房数（间）	床位数（张）	客房出租率（%）	营业收入（千元）
2010 年	全国	11 779	1 476 359	2 566 382	60.28	212 265 511.3
	西藏	105	9 576	18 084	43.62	413 876.12

(续表)

年份	地区	饭店数（家）	客房数（间）	床位数（张）	客房出租率（%）	营业收入（千元）
2011 年	全国	11 676	1 474 889	2 586 298	61.07	231 482 444.4
	西藏	85	7 747	14 576	50.28	413 908.93
2012 年	全国	11 367	1 497 188	2 677 436	59.46	24 302 1576.2
	西藏	102	10 037	19 240	58.24	580 848.5
2013 年	全国	11 687	1 539 141	2 705 013	55.97	229 292 837
	西藏	109	9 265	17 848	57.11	606 210.9
2014 年	全国	11 180	1 497 899	2 624 815	54.2	215 144 801
	西藏	113	9 956	20 116	51.12	662 368.26
2015 年	全国	10 550	1 462 454	2 593 585	54.19	210 675 399.1
	西藏	55	6 413	11 380	44.9	513 091.62
2016 年	全国	9 861	1 420 489	2 482 841	54.73	202 726 010.2
	西藏	68	6 812	13 834	51.93	557 735
2017 年	全国	9 566	1 470 606	2 505 595	54.8	208 392 508.5
	西藏	70	8 375	15 032	42.79	1 058 612.51

4）旅游人才

旅游业的发展离不开人才的支持。西藏旅游院校培养的旅游专业人才也在逐年增加。详见表 2-8。

表 2-8 2011—2017 年全国和西藏旅行社和旅游院校情况一览表

年份	地区	旅行社（家）	旅游院校数（所）	旅游院校学生数（人）
2011	全国	299 755	2 208	1 083 335
	西藏	1 306	3	1 069
2012	全国	318 223	2 236	1 073 405
	西藏	1 362	3	945
2013	全国	339 993	1 832	771 551
	西藏	713	3	1 296

(续表)

年份	地区	旅行社（家）	旅游院校数（所）	旅游院校学生数（人）
2014	全国	341 312	2 055	753 318
	西藏	713	3	1 323
2015	全国	334 030	2 307	796 725
	西藏	1 103	4	1 268
2016	全国	346 219	2 614	672 434
	西藏	2 380	9	3 001
2017	全国	358 873	2 641	273 909
	西藏	649	11	846

5）旅游环境

实施厕所革命。厕所是影响进藏游客旅游满意度的问题之一，旅游厕所的建设是西藏旅游供给的短板之一。2017年西藏推进"公厕革命"，投资12亿元建设景区内、主要公路沿线以及游客和本地群众分布密集的公共场所的2 000座厕所。据报道，到2020年底，全区完成公厕新改建，基本实现全区范围内交通沿线和客运站、A级以上景区（点）、特色城镇和乡镇村寨、商店市场、餐饮娱乐场所、街道广场、各公园、非A级以上景区（点）的重点文物保护单位等场所都有标准化厕所[①]。"厕所革命"对优化西藏旅游环境，加快生态文明建设，构建世界旅游目的地和提升城乡文明形象具有重大意义。

实施农村人居环境整治工程，重点实施包括文化、卫生、能源、环保、市场等在内的十项农村人居环境建设和环境综合整治工程。2010年以来，西藏已累计投入56.98亿元，重点实施了农家书屋、综合文化体育设施、村级广播文化资源信息共享、流动电影服务、村卫生室医疗设备完善、太阳能公共照明、村庄道路建设、农村垃圾污水整治、万村千乡市场工程、村庄绿化美化工程等十项内容[②]。农村人居环境的改善，对乡村旅游业发展的带动作用明显。

生态环境保护方面。西藏将旅游开发与生态环境保护有机结合起来，严格

---

① 高玉洁.为我区"厕所革命"点个赞[N].西藏日报（汉），2017-05-15(5).
② 张京品.我区投入50余亿元改善农村人居环境[N].西藏日报（汉），2016-05-08(1).

执行环评制度,明确各项环境保护措施,实现旅游业与资源、生态环境相适应的可持续发展。在景区内提升清洁能源利用水平,并就新能源游船、新能源汽车引进等签署了合作协议。巴松措第一个创建了以生态景区与资源节约有效利用、群众增收的创新模式来推动全区旅游业生态化的发展。政府通过编制实施《西藏生态安全屏障保护与建设规划(2008—2013年)》《西藏自治区生态环境保护监督管理办法》《西藏自治区生态环境保护考核办法》,加强环境影响评价和监管,抓好江河源头区、草原、湿地、天然林以及生物多样性保护。投入生态安全屏障建设资金56.46亿元,造林绿化124万亩。坚持把各级各类自然保护区作为特区,实施最严格的保护措施。目前,全区已建立22个生态功能保护区、8个国家森林公园、5个国家湿地公园、4个地质公园、3个国家级风景名胜区、47个自然保护区。监测数据显示,全区水环境、大气环境基本没有受到污染,江河湖泊及地下水水质均为一、二类,城镇空气质量优良率全天候达标。林芝、山南被批准为国家生态文明先行示范区,拉萨市被评为国家环境保护模范城市。125种国家重点保护野生动物、1 200个西藏特有植物物种得到有效保护,全区藏羚羊由60 000只恢复到150 000余只,藏野驴由50 000头恢复到80 000多头,马鹿由1 500头发展到10 000多头,黑颈鹤由5 700只发展到14 000余只。

6) 现代技术支持

西藏旅游产业信息化发展通过构建智慧旅游大数据平台,运用现代通信技术、云计算技术,实施"旅游＋互联网"产业融合模式,发展智慧旅游,加强智慧旅游基础设施和智慧旅游云服务体系建设,实现旅游产业转型升级。"旅游＋互联网"规划建设跨区域智慧旅游带,以拉萨市为中心,包括日喀则市、林芝市、昌都市等区域,智慧旅游县(区)包括堆龙德庆区、城关区、桑珠孜区、巴宜区、芒康县、八宿县、波密县、工布江达县等,智慧旅游景区则包括芒康盐井、雅鲁藏布大峡谷、林芝易贡、然乌湖米堆冰川、巴松措、纳木措、布达拉宫、大昭寺、羊卓雍措、珠穆朗玛峰等[①]。"互联网＋西藏文化旅游体验馆"在拉萨众创空间正式开馆,标志着"互联网＋"技术平台使西藏文化旅游虚拟体验成为现实。

加强智慧基础建设,构建大数据平台。在机场、车站、码头、宾馆饭店、景区景点、乡村旅游点等重点涉旅区域建设无线网络,推动游客集中区、环境敏感区、

---

① 郑璐.加快智慧旅游发展[N].西藏日报(汉),2017-06-21.

高风险地区的物联网设施建设,实现 Wi-Fi 信号在 3A 级以上景区、自治区级以上旅游度假区、乡村旅游示范区(点)核心区域和客流集中区域全覆盖;建立全区统一的旅游基础信息数据库,推进旅游信息的自动化采集,全面收集涵盖旅游资源、旅游要素、气象监测、公共安全、游客动态、生态环保等的相关信息,为加强旅游业的实时动态管理提供依据;构建全区旅游产业运行监测平台,建立旅游与公安、交通、统计等部门的数据共享机制,最终形成旅游产业大数据平台。

推进智慧旅游融合发展。推进"互联网+旅游目的地"建设,以拉萨市、日喀则市、林芝市、昌都市等为重点,建设一批智慧旅游城市,并以此为依托建设跨区域智慧旅游带,建设一批智慧旅游城镇、智慧旅游景区、智慧旅游企业、智慧旅游乡村。

2.5.4 调节子系统

1) 政府政策

(1) 促进旅游业发展政策

2007 年,颁布《中共西藏自治区委员会、西藏自治区人民政府关于进一步加快发展旅游业的决定》,提出将旅游业培育成为国民经济的主导产业。2007 年12 月,隆重召开全区旅游产业发展大会,营造了旅游业发展的良好氛围,形成了旅游业发展的强大合力。随后出台一系列政策——《西藏自治区旅游条例》《西藏自治区导游员等级评定办法(试行)》《西藏自治区旅行社等级评定管理办法(试行)》《西藏自治区生态环境行政处罚裁量基准适用规定》等,用以指导和规范旅游业的开发建设和健康有序发展,使旅游业迈上了标准化、法制化的发展轨道。同时,西藏旅游业的管理服务水平也得到了持续提升。

(2) 冬游西藏政策

为实现全时旅游,提高旅游资源利用率,2018 年开始实施"冬游西藏·共享地球第三极"活动。为此出台了一系列优惠政策,如除寺庙景区外,西藏全区国有 3A 级(含 3A 级)以上景区免费游览、星级宾馆房价优惠、进出藏航线折扣等。第一轮冬游西藏活动实现旅游总收入 31.2 亿元,同比增长 68.6%;第二轮实现旅游收入 28.57 亿元,同比增长 39.1%。

推出藏历新年等藏族节庆冬季旅游产品,推出雅鲁藏布大峡谷深度体验旅游、拉萨日光旅游、世界最高峰旅游、藏文明发现旅游等冬季精品旅游线路等。

同时尤其注重准确宣传西藏气候,逐步消除游客心理障碍。

(3) 旅游援藏政策

2003年国家旅游局牵头组织开展了全国导游援藏工作。后期西藏主要通过导游援藏,为西藏旅游品质发展引来新队伍;通过干部援藏,为西藏旅游高效发展注入新活力;通过产业援藏,为西藏旅游快速发展提供新动能。

通过旅游援藏,西藏旅游基础公共服务设施、对内对外开放水平的不断提高,旅游新产品、新业态不断涌现,旅游政策扶持,资金投入,项目落实,人才援藏的方式,为西藏旅游业跨越式发展提供了强大动力。

2) 市场机制

根据进藏旅游市场规模和潜力,西藏国内旅游客源市场划分为一级市场、二级市场和三级市场。一级市场规模和潜力最大,包括京津冀鲁地区、江浙沪地区、粤闽琼桂地区、川渝滇地区、西藏地区,是西藏旅游客源市场的主体;二级市场规模和潜力较大,包括东北地区、中部地区、陕甘青宁蒙地区等,是西藏旅游后续侧重拓展的客源市场;三级市场规模和潜力最小,包括贵州、新疆等全国其他省区,是西藏旅游的机会市场。

为巩固和扩大一级市场,重点开辟通往拉萨的铁路沿线和对口援藏省市的大、中城市的中高端客源路线;积极营销二级市场中人口密集、经济发达的中心城镇;重视培育区内市场,鼓励西藏城乡居民和内地长住西藏人员的节假日休闲旅游,适度发展本地居民去区外旅游和海外旅游。

国际客源市场开发。一级市场:近期主要包括日本、美国、德国、英国、法国、加拿大、澳大利亚、新加坡、韩国、马来西亚等。二级市场:近期主要包括以印度、尼泊尔等为主的南亚地区,除德英法等国外的其他欧盟国家,新西兰等大洋洲国家以及俄罗斯。近期积极将印度、尼泊尔等南亚国家(地区)开拓为一级市场,实现西藏主体入境市场的多元化经营目标。

3) 生态系统调节机制

旅游生态系统由区域内的自然生态系统与旅游社会经济系统复合而成,西藏生态系统的脆弱性决定了其生态环境恢复力和生态承载力弱。因此,旅游生态系统既要遵循自然环境容量的调控,也要遵循旅游社会经济系统的游客和居民的心理承受能力的调控。旅游生态系统需平衡依赖于环境容量与生态旅游需求的匹配关系。因此旅游资源的开发要在资源承载力下进行,景区开发要计算景区生态容量,旅游目的地开发要计算生态环境承载力,才能实现旅游可持续发展。

旅游生态系统结构复杂性,在生态旅游区突出表现为生态旅游需求的增长与自然生态旅游资源供给不平衡[①]。为了确保生态安全和促进生态旅游的可持续发展,必须坚持生态旅游利益相关者的互惠共生,创新生态旅游区的"小众旅游"模式,保障区域内自然生态要素与旅游经济社会要素协同运转和实现旅游生态系统的立体网络化布局[②]。

---

① 吕君.旅游生态系统的结构与功能分析[J].干旱区资源与环境,2008(8):82-86.
② 杨娟娟.旅游产业生态化研究:以广西为例[D].桂林:广西师范大学,2012.

3 西藏旅游目的地满意度影响因素评价

3.1 引言

旅游业是西藏的重要战略支柱产业之一。2010年第五次西藏工作座谈会提出要将西藏建设成为中华民族特色文化保护地和世界旅游目的地，着重培育特色优势的战略支撑产业，提升现代农业发展水平，"做大做强做精"特色旅游业，可持续发展试验区和生态安全屏障建设区等。西藏旅游业要在建设生态文明进程中起到重要的核心带动作用。当前，西藏生态旅游快速发展，已成为社会经济发展的重要贡献力量，但其在发展的同时引发了两个问题：一是生态旅游的发展给软硬件配套设施建设以及生态环境和历史文化保护等方面带来较大挑战；二是游客对西藏生态旅游目的地评价不一，生态旅游发展面临"瓶颈"问题。本文使用实证分析法，分析生态旅游目的地游客满意度的影响因素以及各个因素的影响过程，以期通过调查了解西藏生态旅游目的地游客满意度分析，为后续研究和提升生态旅游目的地旅游产品品质提供参考和依据。

1965年，美国学者卡多佐（Cardozo）以顾客满意的影响程度为出发点，指出顾客满意度与再次购买产品意愿之间有正向关系[1]。匹赞姆（Pizam）对美国麻省鳕鱼角海滨旅游地游客满意度进行了分析研究，提出了好客程度、海滩、成本、游憩机会等8个旅游满意度因子。董观志和杨凤影根据旅游景区具体实际，提炼了影响旅游景区游客满意度的主要因素，构建了游客满意度评价指标体系[2]。王群、丁祖荣、章锦河等基于顾客满意度指数模型，对黄山风景区进行实证分析，得出游览价值是满意度的主要影响因素，社会服务环境感知是影响环境感知的

---

[1] 梁少华.旅游体验视角下南宁市"美丽南方"乡村旅游产品提升研究[D].桂林：广西大学,2019.
[2] 董观志,杨凤影.旅游景区游客满意度测评体系研究[J].旅游学刊,2005,20(1):27-31.

关键因素,价格是游览价值的主要决定因素①。陈玉英以顾客满意度为理论基础,在随机抽样调查和大量问卷取证的基础上,定量分析了开封旅游目的地的游客满意度②。唐幼纯和胡建鹏建立了以交通服务、游览服务、餐饮服务、住宿服务、娱乐服务和购物服务为指标的上海旅游服务系统,并构建了上海旅游服务系统的顾客满意度计算机仿真模型,其结果对于游客满意度研究具有一定参考作用③。刘妍和李晓琴从游客感知的角度,分析震后四川旅游资源的吸引力及满意度,认为:游客对震后到四川旅游的整体满意度不高,环境、交通及服务是震后四川旅游业最值得关注的问题④。焦世泰从分析红色旅游景区游客满意度的影响因素入手,定量分析了红色旅游景区存在的主要影响因素⑤。张春琳基于对贵州省西江千户苗寨游客访谈和问卷调查的数据,采用因子分析方法对该地区游客满意度进行了研究,分析结果显示,乡村旅游游客满意度受到很多因素影响,游客总体上表现出较高的满意度源于饮食环境、民族特色、风土气候和休闲娱乐等⑥。赵仕红和常向阳借鉴美国顾客满意度指数模型,对休闲农业游客满意度进行了实证分析,研究表明,游客出游前的预期、出游的实际感知和基于出游消费支出的感知价值是影响和决定游客满意度的主要因素,游客对休闲农业旅游消费满意度评价整体并不高⑦。学者李智虎认为,在 21 世纪的今天,对景区而言,要想取得成功就必须重视游客的想法与感受,游客满意度就是旅游景区的景区竞争力⑧。白玲、余若男等从农户满意度出发,提出农户旅游成本认知对旅游满意度及支持度有显著负向影响,农户旅游获益认知对旅游满意度及支持

---

① 王群,丁祖荣,章锦河,等.旅游环境游客满意度的指数测评模型:以黄山风景区为例[J].地理研究,2006,25(1):171-181.
② 陈玉英.旅游目的地游客感知与满意度实证分析:开封市旅游目的地案例研究[J].河南大学学报(自然科学版),2006,36(4):62-66.
③ 唐幼纯,胡建鹏.上海旅游服务系统的顾客满意度仿真研究[J].系统仿真学报,2008,20(7):1909-1911.
④ 刘妍,李晓琴.基于游客感知的震后四川旅游资源吸引力及满意度评价[J].经济地理,2010,30(7):1227-1233.
⑤ 焦世泰.红色旅游景区游客满意度及其影响因素研究[J].西北师范大学学报(自然科学版),2012,48(5):115-120.
⑥ 张春琳.乡村旅游游客满意度及再次游览意向影响因素研究:来自贵州省西江千户苗寨的经验证据[J].农业经济问题,2012(1):60-69.
⑦ 赵仕红,常向阳.休闲农业游客满意度实证分析:基于江苏省南京市的调查数据[J].农业技术经济,2014(4):110-119.
⑧ 李智虎.谈旅游景区游客服务满意度的提升[J].企业活力,2003(4):39-41.

度有显著正向影响,并且获益认知比成本认知对旅游满意度及制度的影响效应更大,农户旅游满意度对旅游支持度有显著正向影响[①]。陈强、尤建新提出可通过问卷形式将公众满意度的主观感受转化为可以量化和分析的数据,并通过程序处理将此数据作为改进工作的依据[②]。梳理国内外文献发现,对游客满意度问题的研究主要集中在旅游目的地的基础设施、旅游环境和服务、个人特性和期望、民族特色和风土气候的影响、影响游客满意度提升因素以及游客感知等方面。虽然近年来也出现了一些基于实地调查数据的研究,并得出了一些有价值的研究结论,但没有区分影响游客满意度的直接因素和间接因素,因而很难分析出不同因素对游客满意度的影响过程。本文通过问卷调查法,收集农户和游客的满意度数据,从定性和定量的角度对数据进行研究,深入分析影响满意度的原因,从而提出合理建议,以期提高游客和农户的满意度。

3.2 数据获取与研究框架

3.2.1 数据获取

本文调查区域集中在鲁朗景区、雅鲁藏布大峡谷、巴松措和墨脱县等 7 个典型生态旅游目的地。其中关于居民感知部分的调查在鲁朗镇、派镇、错高乡,以及墨脱县的墨脱乡、背崩乡和达木珞巴族乡展开,这些区域涵盖了不同收入水平的居民,同时包括了林芝市东、中、西三个旅游分布单元。本调查采用随机问卷调查和入户问卷调查的方式。在调查过程中,由经过严格培训的、熟悉调查实际的调查员亲自询问并填写问卷,并对调查对象提出的问题进行解释。每份问卷填写时间平均超过 30 分钟,再由课题负责人逐一核实甚至重访,确保了数据的准确性和有效性。最终,本调查得到 288 份调查问卷,其中,游客调查 144 份,居民调查 144 份。

3.2.2 研究框架

本研究认为,被调查者对经济效益、社会效益、生态效益和文化冲击等 4 个方面的评价直接影响其满意度;而其性别、年龄、区域、职业、文化程度等基本特

---

① 白玲,余若男,黄涛,等.农户对旅游的影响认知、满意度与支持度研究:以北京市自然保护区为例[J].干旱区资源与环境,2018,32(1):202-208.
② 陈强,尤建新."公众"内涵辨析与公众满意战略[J].上海管理科学,2006(2):14-16.

征以及旅游景区接待服务水平、景区生态环境、景区文化风俗习惯等,主要通过影响以上4个方面而影响游客满意度。因此,本研究将被调查者对林芝市生态旅游的4个方面的评价作为中间变量,将社会、人口特征等因素作为初始变量,通过实证分析,揭示初始变量和中间变量对游客满意度的影响过程(分析框架见图3-1)。

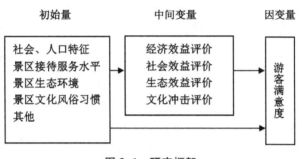

图3-1 研究框架

3.3 研究结果与分析

3.3.1 模型构建

基于变量设定,本文构建多元回归模型进行实证分析,数学模型为:

$$Y_i = \beta_0 + \beta_j X_j + U_i \tag{3-1}$$

其中:β_0为截距;Y_i表示游客满意度;X_j表示控制变量,$j=1\sim 4$;$\beta_j(j=1\sim 4)$表示X_j的参数;U_i为误差项。

$$Y_i = \beta_0 + \beta_1 X_1 + \beta_2 X_2 + \cdots + \beta_{12} X_{12} + U_i \tag{3-2}$$

其中:β_0为截距;$Y_i(i=1\sim 3)$分别表示游客满意度、经济效益评价和文化冲击评价;X_j表示自变量,$j=1\sim 12$;$\beta_j(j=1\sim 12)$表示X_j的参数;U_i为误差项。

基于本文分析的主要目标,在模型(3-1)和模型(3-2)的基础上,分析自变量对因变量的影响程度。其中:

$$\text{间接影响} = \text{自变量对各个控制变量的标准化回归系数} \times \text{该控制变量对因变量的标准化回归系数} \tag{3-3}$$

总影响＝间接影响＋直接影响 (3-4)

3.3.2 变量的统计描述

1) 游客基本特征描述

从游客基本特征信息调查的结果来看,生态旅游目的地游客以男性为主,但性别比例差别不大;年龄方面,以 25～44 岁的游客最多,占 88.8%;学历方面,生态旅游目的地的游客以本科学历为主,占 31.7%;旅游方式方面,生态旅游目的地的游客以团队为主要旅游方式,占总调查人数的 77.8%;游客来源方面,国内其他省份的游客比重最高;游客收入方面,游客的平均收入为 4 836 元,基本处于中等收入水平,其中,收入水平低于 4 000 元(不含)占调查总数的 34.02%,收入水平在 4 000(含)～8 000 元(不含)占 54.86%,收入水平在 8 000 元(含)以上的占 11.12%。通过与国内游客总体特征相比,可以发现,西藏生态旅游目的地游客与国内游客总体特征基本相似,其中差异较大的是游客年龄分布以及旅游方式,西藏生态旅游目的地游客基本集中于青壮年游客,其出游方式主要是团队旅游。这主要是由生态旅游目的地区位特征和旅游成本等所决定的。另一方面,旅游时间和旅游距离也是重要的影响因素。

2) 游客满意度的基本描述

从调查结果来看,当前游客满意度并不是非常高,平均为 3.99 分,介于"一般"和"满意"之间,其中,表示"一般"的占 11.81%,表示"满意"的占 31.95%,表示"不满意"即打分在 3 分以下的达 13.88%,有 42.36% 的游客表示"很满意"。

3) 控制变量的统计描述

在 2020 年对样本点控制变量的调查中所设计的所有二级指标全部采用 5 分制。从调查结果看,居民对经济效益评价和社会效益评价的满意度较高。经济效益评价方面,总分值为 11.59 分。社会效益评价方面,平均分为 15.00 分。而居民对文化冲击评价的满意度较低,总分值 10.25 分。相比较,居民对生态效益评价的满意度最低,总分值仅为 9.87 分。总的来看,生态环境污染与破坏对林芝市生态旅游目的地居民生产生活影响很大,有待进一步整治。

表 3-1 控制变量统计描述

		满意度评价/%					均值/分	总分值/分
		很不满意	不满意	一般	满意	很满意		
经济效益评价	居民收益	0	2.78	18.06	50.70	28.46	4.05	11.59
	家庭成员就业机会	0.70	2.09	27.09	52.09	18.03	3.85	
	商品经济意识	1.39	6.25	34.03	38.89	19.44	3.69	
社会效益评价	公共交通设施改善	0.73	3.48	22.23	49.31	24.25	3.92	15.00
	公共服务设施改善	0.67	3.48	36.81	43.06	15.98	3.70	
	本地社会治安明显好转	0.68	6.95	33.34	40.28	18.75	3.69	
	好客度	0.67	2.78	36.12	43.06	17.37	3.74	
生态效益评价	居民环保意识明显提高	1.39	5.56	31.25	39.59	22.21	3.76	9.87
	环境污染	10.42	23.62	27.78	27.09	11.09	3.05	
	生物多样性指数	6.25	22.92	38.89	22.23	9.71	3.06	
文化冲击评价	传统文化商业化	2.78	7.64	20.14	53.48	15.96	3.72	10.25
	传统风俗习惯迅速消失	10.42	31.95	24.31	25.70	7.62	2.88	
	外来文化明显增加	4.87	7.64	22.92	47.23	17.34	3.65	

4）自变量的统计描述

为了解游客对生态旅游目的地直观感受的满意度情况，我们进行了深入的调查。从调查结果看，游客均反映对生态旅游目的地的软硬件环境整体上满意，鲁朗林海景区有 3 名游客反映餐饮价格过高，有 6 名游客反映景区住宿条件较差，有 6 名游客反映景区管理水平较差，有 2 名游客反映景区部分路段为土石路，特别难走。

自变量所有指标全部采用 5 分制。从调查结果看，整体的评价分值都很高，尤其在景区文化风俗和景区服务管理水平方面，平均分值分别达到 4.09 分和 4.22 分。而在景区自然景观状况方面，满意度最低，平均分值仅为 2.94 分。在林芝市生态旅游目的地，旅游开发基本上由政府主导，但旅游公司在实际经营过程中仅注重眼前利益是导致游客对景区自然景观状况满意度评价低的重要原因，而旅游公司缺乏保护意识的经营行为是游客对景区自然景观状况满意度评价低的根源。

表 3-2 自变量统计描述

	满意度评价/%					均值/分
	很不满意	不满意	一般	满意	很满意	
景区文化风俗(x_5)	0	1.39	11.81	18.75	68.05	4.09
景区服务管理水平(x_6)	2.09	2.09	21.53	37.50	36.79	4.22
景区住宿条件(x_7)	0.70	4.17	13.89	45.84	35.40	3.70
旅游资源可及性(x_8)	0.70	0.70	1.39	27.09	70.12	3.51
景区餐饮条件(x_9)	0	2.09	10.42	16.67	70.82	3.03
景区生态环境状况(x_{10})	0	1.39	16.67	13.20	68.74	3.24
景区周边公共设施(x_{11})	0	0.70	13.89	12.50	72.91	3.39
景区自然景观状况(x_{12})	1.39	0.70	9.73	12.50	75.68	2.94

3.3.3 控制变量对游客满意度的多元回归分析

所构建的数学模型(3-1)整体检验较为理想($R_2=0.34, F=7.13$)。结果表明：其一，经济效益评价和文化冲击评价通过了显著性检验。而社会效益评价和生态效益评价则没有通过显著性检验，这与林芝市典型生态旅游目的地的实际相符。因此，在后面的路径分析中，不再将社会效益评价和生态效益评价纳入回归模型中。其二，经济效益评价、社会效益评价和生态效益评价与游客满意度呈正相关，而文化冲击评价与游客满意度负相关。其三，影响最大的是经济效益评价，其标准化回归系数为 0.519，其次是文化冲击评价，标准化回归系数为—0.314。

表 3-3 控制变量对顾客满意度直接影响的多元回归分析

	非标准化数据			标准化数据		
	Coefficients	Zero-Order	Importance	Coefficients	Zero-Order	Importance
经济效益评价	0.510***	0.546	0.610	0.519****	0.551	0.723
社会效益评价	0.134	0.030	0.009	0.158	0.012	0.005
生态效益评价	0.323	0.228	0.161	0.130	0.001	0.000
文化冲击评价	—0.305	—0.329	0.220	—0.314**	—0.343	0.272

注：****、***、** 分别表示 0.1%、1%、5%的显著性水平(表 3-4 中同)。

3.3.4 自变量对控制变量和因变量影响的多元回归分析

基于构建的数学模型(3-2)，用自变量对控制变量和因变量进行多元回归分析,3个回归模型都具有较理想的拟合优度。自变量对控制变量和因变量的解释程度都在21%以上,其中,解释程度最弱的是自变量对文化冲击评价的解释。从回归结果来看:第一,显著影响经济效益评价的自变量为职业、景区住宿条件和旅游资源可及性;景区住宿条件和旅游资源可及性与经济效益评价呈正相关,职业与经济效益评价呈负相关;在经济效益评价中,旅游资源可及性最为重要。第二,职业、景区文化风俗和景区住宿条件显著影响文化冲击评价;职业和景区文化风俗与文化冲击评价呈正相关,而景区住宿条件与文化冲击评价呈负相关;职业是文化冲击评价的主要指标。第三,显著影响游客满意度的自变量为年龄、收入水平、景区服务管理水平、旅游资源可及性和景区周边公共设施;年龄、收入水平和景区服务管理水平与游客满意度呈正相关,而旅游资源可及性和景区周边公共设施与游客满意度呈负相关;年龄大小对游客旅游满意感受产生显著影响。

表3-4 自变量对控制变量和因变量影响的多元回归分析

自变量	控制变量						因变量		
	经济效益评价			文化冲击评价			游客满意度		
	Coefficients	Zero-Order	Importance	Coefficients	Zero-Order	Importance	Coefficients	Zero-Order	Importance
x_1	0.034	0.082	0.009	0.076	0.095	0.034	0.350****	0.402	0.360
x_2	−0.041	0.013	−0.002	0.113	0.180	0.097	0.180**	0.391	0.180
x_3	−0.178***	−0.113	0.065	0.228****	0.241	0.261	0.127	0.130	0.042
x_4	0.209	0.137	0.092	−0.194	−0.095	0.088	0.100	0.176	0.045
x_5	−0.083	0.054	−0.014	0.221**	0.189	0.198	0.025	0.149	0.009
x_6	0.152	0.239	0.117	0.089	0.117	0.049	0.206*	0.296	0.156
x_7	0.262***	0.233	0.197	−0.155**	−0.100	0.074	−0.086	0.060	−0.013
x_8	0.310****	0.294	0.294	−0.093	−0.039	0.017	−0.194*	−0.135	0.067
x_9	−0.097	−0.071	0.022	−0.033	−0.130	0.021	0.056	−0.049	−0.007
x_{10}	−0.187	−0.207	0.124	−0.058	−0.111	0.031	−0.080	−0.156	0.032
x_{11}	0.192	0.076	0.047	−0.067	−0.172	0.055	−0.203***	−0.221	0.115
x_{12}	−0.091	−0.168	0.049	−0.089	−0.178	0.075	0.128	0.045	0.015
F	2.415***			1.289			2.821***		
R^2	0.310			0.211			0.391		

注:*表示10%的显著性水平。

3.3.5 游客满意度的影响因素分析

在表3-3和表3-4的基础上,依据公式(3-3)和(3-4)进行实证分析,结果表明:对游客满意度影响最大的因素是游客年龄,系数达到0.389;其次是景区服务管理水平,系数为0.256;再次为旅游资源可及性,系数为-0.236;另外,景区周边公共设施也对游客满意度产生较大影响,影响系数为-0.228。而文化程度、景区餐饮条件、景区生态环境状况和景区自然景观状况对游客满意度没有影响。

表3-5 自变量对游客满意度的影响程度分析

项目	总影响	间接影响		直接影响
		经济效益评价	文化冲击评价	
年龄(岁)(x_1)	0.389	0.012	0.027	0.35
收入水平(元)(x_2)	0.193	-0.007	0.020	0.18
职业(x_3)	0.133	-0.023	0.029	0.127
文化程度(x_4)	—			
景区文化风俗(x_5)	0.028	-0.002	0.006	0.025
景区服务管理水平(x_6)	0.256	0.031	0.018	0.206
景区住宿条件(x_7)	-0.122	-0.023	-0.013	-0.086
旅游资源可及性(x_8)	-0.236	-0.060	0.018	-0.194
景区餐饮条件(x_9)	—			
景区生态环境状况(x_{10})	—			
景区周边公共设施(x_{11})	-0.228	-0.039	0.014	-0.203
景区自然景观状况(x_{12})	—			

3.4 结论与建议

3.4.1 结论

游客满意度评价决定生态旅游业的发展方向,对生态旅游业发展影响也日益增加。尽管生态旅游业的发展有助于增加居民收益和就业机会以及改善公共交通和公共服务设施,但不辅之以有效的保障措施也会带来一定的负面影响,诸如生态环境污染和破坏,传统习俗和传统文化在外部文化冲击下逐渐趋于淡化等,这些现象已引起各级政府以及学术界的高度关注。通过实证分析,分析影响生态旅游目的地游客满意度的影响因素主要有:①年龄对游客满意度具有正向影响。究其原因,可能为:随着年龄增长,游客容易从历史文化景观中获得消费的满足;年龄较大的人对相关服务的要求低于年龄较小的人。②收入水平对游客满意度具有正向影响,即随着游客收入水平的提高,游客在生态旅游目的地的数量增加，基于调查区域的生态旅游目的地的景点具有较大的差异性，其满意度也随之提升。从职业来看，游客满意度最高的是行政人员，占该类人员比重的57.89%；而游客满意度最低的是公司员工，占该类人员比重的18.18%。这可能是因为各职业游客对生态旅游的期望值不同。另外，出行方式也可能影响游客满意度。③景区文化风俗对游客满意度具有正向影响，即调查区域的生态旅游景点越具特色，游客满意度就越高。这可能是因为独具浓郁区域特色的自然景观和历史文化景观能较为容易地取得游客的认可。④景区服务管理水平对游客满意度具有正向影响，即景区服务管理水平越高，游客满意度越高。在游客收入水平以及受教育水平不断提高的背景下，提高景区服务管理水平是今后生态旅游目的地的必然选择。景区住宿条件对游客满意度具有负向影响，这可能是由于住宿管理和从业人员水平未及时跟上当前旅游业蓬勃发展的步伐，从而导致游客对景区住宿条件评价过低。旅游资源可及性对游客满意度具有负向影响。旅游资源的开发程度以及游客到达旅游目的地的舒适程度、便利程度对当前游客会产生较为明显的负向影响。

3.4.2 建议

1）立足供给侧改革，刺激高端旅游需求

以雅鲁藏布大峡谷为代表的生态旅游目的地旅游资源极为丰富，而目前能够前往旅游的人次与实际还有较大差距，主要原因是现有旅游资源开发不足，不能有效供给适合各类旅游爱好者尤其是高端旅游者充分的产品和服务，因而不能进一步刺激该地区的旅游消费升温。首先，以旅游基础设施、新产品、新服务、新项目为导向的旅游综合改革应该作为生态旅游供给侧改革的突破口，完善各项配套设施和项目，以适应国内外旅游消费者的需求爱好。其次，充分利用"互联网+"优势，把雅鲁藏布大峡谷等世界级品质的生态旅游目的地推向全球，吸引更多国内外高端旅游爱好者的探险需求。再次，打造优美的自然风光和摄影、书画、诗歌、散文等一体的文化旅游品牌，满足喜欢"诗与远方"的旅游艺术爱好者的诉求；开发自驾游、野营、探险项目满足旅游冒险人士的爱好；根据季节实行差别定价，吸引更多游客前来观光；发挥互联网的共享共生特点，打造网络旅游直播平台，把高原旅游资源的"高、壮、深、润、幽、长、险、低、奇、秀"特点充分展现给广大互联网客户，扩大景区影响力和游客的自主参与意识。

2) 保护与开发并重,实现旅游资源的可持续性

在开发旅游资源项目时,以"在保护的基础上开发、在开发的基础上保护、坚持保护自然生态环境为先"为原则,科学合理地利用生态旅游资源,和国内国际相关研究机构联合进行生物多样性保护研究,按照适宜旅游开发区、适度旅游开发区、限制旅游开发区、禁止旅游开发区进行划分[①],最大限度减少人为干扰对自然资源的破坏,实现旅游资源的可持续发展。根据旅游市场需求,进行生态村旅游产品开发,实现生态旅游产品开发与旅游市场需求的相互均衡。挖掘生态旅游目的地久远的历史和独特的文化习俗,借助互联网优势,利用各类文化节目,大力宣传这些民族独特的风俗习惯和神秘文化,吸引众多的旅游爱好者前来观光旅游。应充分吸取同类型地区旅游资源开发中出现的问题,尽量做到在不伤害本地民众的生活与生存的基础上大力发展旅游业。农牧民直接参与旅游项目,可以增加其收入,提高生活水平,同时也为景区增加了特色旅游项目[②]。

3) 创新智慧生态旅游产业发展方式

智慧生态旅游服务、智慧生态旅游管理和智慧生态旅游营销是反映智慧生态旅游构建程度的三个关键指标。智慧生态旅游应以生态旅游地域系统的健康发展为目标,建设生态旅游云计算数据控制中心,收集地域内全部的生态旅游相关数据加以分析,进而构建出与智慧生态旅游的三个关键指标相对应的平台。其中,智慧生态旅游服务平台主要是面向旅游者和商家的平台,应该主要包括公共服务咨询、移动终端服务、生态旅游信息推送、在线预订等服务,具体提供景点介绍、路线规划、智能导游、电子门票、资讯发布、社交互动、电子商务、应急求救等服务,使旅游者能够充分体验到自动化。智慧生态旅游综合管理平台是面向管理部门和景区的管理平台,应涉及生态乡村旅游政务管理、旅游企业诚信管理和生态旅游监控管理,具体提供智能办公、行业管理、统计分析、智能安防、游客管理、智慧停车、线路引导、电子商务、广告营销等服务。智慧生态旅游营销平台应该于电脑端建设生态旅游门户网站,在各生态旅游地布置多媒体定制终端,于移动端开发手机应用程式等,使所有生态旅游信息可视化,旅游六要素一览无余,描绘出专属于生态旅游地域系统的"网络地图"。

---

① 贺征兵,吉文丽,胡淑萍,等.基于CVM的景观游憩价值评估研究:以太白山国家森林公园为例[J].西北林学院学报,2008,23(5):213-217.
② 徐新洲,薛建辉.基于AHP—模糊综合评价的城市湿地公园植物景观美感评价[J].西北林学院学报,2012,27(2):213-216.

4 西藏旅游目的地游憩价值评估

西藏林芝市地处藏东南雅鲁藏布江下游,是世界上仅存的少为人类所涉及的净土之一。其主要景区有雅鲁藏布大峡谷景区、南迦巴瓦峰、布久喇嘛林寺等。林芝以其保存完好、种类繁多、稀有珍贵的原始森林闻名于世,2016年,国家旅游局(现文化和旅游部)公布首批"国家全域旅游示范区"创建名录,林芝市成功入围。据了解,2019年,林芝荣获"2019生态旅游优选城市""2019避暑旅游样本城市"等荣誉称号,鲁朗景区管委会通过首批国家全域旅游示范区验收认定,波密扎木县委中心红楼成功获批全区首个4A级红色旅游景区,雅鲁藏布大峡谷景区被列入国家5A级旅游景区创建名录。波密县巴卡村、巴宜区真巴村入选第一批全国乡村旅游重点村名录。

雅鲁藏布大峡谷南北全长达504.6千米,整个大峡谷的最深处为6 009米,平均深度也为2 268米,峡谷底的河床宽度仅为35米。雅鲁藏布大峡谷的地理位置与西藏其他旅游景点相比,更具优越性,因其处于西藏南部,地势相对较低,游客不会产生强烈的高原反应。"雅鲁藏布大峡谷"于1998年9月被国务院正式命名,是迄今为止发现的世界最长的大峡谷,被称为"最后的秘境",享有"西藏的西双版纳"之称,近几年逐渐成为探险旅游热点,为当地经济发展作出了极大的贡献。2018年,西藏旅游营业收入主要来源仍为雅鲁藏布大峡谷、巴松措等林芝市各景区,其收入同比增长21%,达1.38亿元,成为拉动营收的主要动力。众多科学家对雅鲁藏布大峡谷进行了多方面的深入研究调查,发现这里拥有极为丰富的生物样种,可称作生物多样性的"天然基因库",是我国最具生物资源开发和利用前景的地区,也是拯救和繁育濒危物种的理想之地。

然而,这类旅游资源属于公共财产类,无法在开发前进行准确的利益成本分析,因此难以得知此类资源的适当承载量,若把握不好资源的适度使用量极可能会出现过度开发,进而造成生态资源破坏。应利用TCM模型,对雅鲁藏布大峡谷的游憩价值进行评估，从而为当地合理开发这一稀缺资源提供依据。

4.1 TCM 研究进展

4.1.1 国外 TCM 研究进展

自 20 世纪 50 年代起，西方学者开始研究资源开发与环境保护问题之间的解决方法。1952 年未来资源研究所（Resources for the Future，RFF）在美国首都华盛顿成立，成为目前世界上为人类所知的、最早的资源环境经济学专业的研究机构。克鲁蒂拉（John V. Krutilla），环境经济学的奠基人，他研究的侧重点倾向于公共投资对资源环境的影响，《自然资源保护的再思考》是他的重要代表作，于 1957 年发表。他在文中提出自然资源的价值可细分为三个方面的属性，即存在价值、使用价值和选择价值。之后，他又与费舍尔（Anthony C. Fisher）合著了一部从属于自然资源经济学的著作，名字为《自然环境经济学——商品性和舒适性资源价值研究》，这部著作代表了自然环境资源经济价值评估理论体系的进一步完善。Anthony C. Fisher 在文中提出有必要对资源游憩价值进行评估。二人在文中以美国白云峰和黑尔斯峡谷等地为主要研究案例，对二者的娱乐价值进行了相关评估[1]。

20 世纪 70 年代以后，福利经济学逐渐成为研究热潮，在其基础上研究探索消费者剩余、机会成本、非市场化商品及环境等公共产品价值的评估的方法也被越来越多的学者所接受和应用，因而旅游资源货币价值评价的理论体系框架得到了进一步的完善。20 世纪 70 年代后期至 80 年代，旅行费用法（Travel Cost Method，TCM）开始被广泛应用，尤其是旅游资源货币价值的评价，应用更为宽广。20 世纪 80 年代后期，兴起享乐定价法（Hedonic Price Method，HPM）。而自 20 世纪 90 年代以来，条件价值法（Contingent Valuation Method，CVM）击败旅行费用法，成为旅游资源货币价值评价使用的主要方法，但同时也存在多方面的质疑与争议，主要来自理论的有效性与合理性等方面[2][3]。

---

[1] 兰思仁.国家森林公园理论与实践[M].北京：中国林业出版社，2004.
[2] 王维正，胡春姿，刘俊昌.国家公园[M].北京：中国林业出版社，2000.
[3] 邵筱叶，成升魁，陈远生.旅游资源价值评估问题探析[J].生态经济，2006(10)：101-103.

4.1.2 国内 TCM 研究进展

我国目前对于旅行费用法的研究还不成熟,与国际研究进展存在较大差距,且存在不同方面的问题,主要为以下几个方面:第一,国内在地区旅行费用法的应用的研究上,没有进行深入的探析与研究,多为低层次的简单应用。同时研究时在选择合适的模型形态方面存在不足,而研究地区旅行费用法时对区域划分存在争议,没有统一的研究技术路线。第二,国外学者多数选择研究不收取门票费用的国家公园资源,究其原因就是 TCM 适用于具有公共财政特征的旅游资源价值评价。而国内学者受到我国当前国情的限制,在选择此类资源时需要考虑多方面的条件限制,其结果也因门票等问题而有所差异。第三,与国外的研究存在着较大的差异。还有在区域划分方面,我国当前多项研究在应用地区旅行费用法时,多划分 20 个左右的区域,这就增加了推算旅游资源价值的难度,无法保证准确性。第四,形式单一的函数形态在求导资源需求曲线时会遇到不少问题,且因为缺乏其他函数形态的研究案例,最终的游憩价值评估结果也会因此产生变化,而这个变化是不可预见的,这将导致准确性不足。最后,时至今日,国际上的占据主导地位的研究为个人旅行费用法,虽然其存在一定的局限性,但与地区旅行费用法存在的明显不足相比,个人旅行费用法略显优越,且被越来越多的学者使用,学者们倾向于把研究重点放在更为合理的分析模型上[①]。

4.2 研究方法

4.2.1 TCM 方法

TCM 模型的函数形式具有多样性,为确保得到结果的准确性,本文主要是通过比较以下两个方面,得出适宜的模型:首先,从经济学的角度进行分析。由于解释经济现象是数据分析的主要目的,因此把经济学相关理论和组织行为理论作为重要参考。其次,把残差分析作为统计分析的重点,若是建立多元线性回归模型,则需要对其多重共线性和异方差性等问题进行检验

---

① 刘焕庆,谭凯,温艳玲.生态旅游资源价值评价理论的研究趋势:以旅行费用法为中心[J].生态经济,2010(1):110-113.

与消除[①][②]。

4.2.2 线性回归分析法

回归(Regression,或 Linear Regression)和相关都用来分析因果关系。如年龄与收入具有相关性,通过建立数学表达式构建变量间的相互因果关系,使其预测统计功能得以实现。

4.2.3 调查问卷的设计

1) 设计原则

主要按照 ZTCM 函数的基本形式进行问卷设计,关键是根据 ZTCM 函数的基本形式,得到所需的出发小区、经济收入、交通食宿、门票、花费时间以及多个目的地旅行等变量,筛选有效信息,设计合理的调查问卷。

ZTCM 函数的基本形式[③]为: $V_{hj}/N_h = f(P_{hj}, SOC_h, SUB_h)$

其中: V_{hj} 是调查期内从 h 小区到 j 旅游区的出游总人数; N_h 是 h 小区的人口总数; P_{hj} 是 h 小区到 j 旅游景区的游客花费平均数; SOC_h 是 h 小区的基本特征向量; SUB_h 是 h 小区游客的景区替代特征向量[④]。

2) 设计内容

(1) 客源地。雅鲁藏布大峡谷的客源地基本涵盖了我国全部省份,出游小区的划分就以省级行政区域为基本单位[⑤][⑥]。

(2) 旅行费用。旅行费用在 TCM 研究中是需要调查的重要自变量。游客支出的旅行费用主要包括游客到雅鲁藏布大峡谷旅游所花费的交通和食宿费用、门票及景区内的花费。

---

① 谢贤政,马中.应用旅行费用法评估黄山风景区游憩价值[J].资源科学,2006(3):128-136.
② WARD F A, BEAL D. Valuing nature with travel cost models[M]. cheltenham: Edward Elgar Publishing, 2000.
③ GARROD G, WILLIS K G. Economic valuation of the environment: methods and case studies[M]. Cheltenham: Edward Elgar Publishing,1999.
④ 同①.
⑤ 薛达元,包浩生,李文华.长白山自然保护区生物多样性旅游价值评估研究[J].自然资源学报,1999,14(2):140-145.
⑥ 张茵,蔡运龙.基于分区的多目的地 TCM 模型及其在游憩资源价值评估中的应用:以九寨沟自然保护区为例[J].自然资源学报,2004,19(5):651-661.

(3) 旅行时间和现场时间。旅行时间主要是指游客选择的汽车、火车或飞机的实际运行时间(包括中转停留的时间);现场时间主要是指游客的浏览时间。

(4) 多目的地旅行。以雅鲁藏布大峡谷为核心旅游目的地,把中转地及其附近的景点通过问卷调查分析多目的地旅行状况。

(5) 人口统计变量。主要涉及旅游者的收入、职业、性别、年龄、文化程度等方面的内容。考虑到部分人对诸如收入、教育水平这类的问题会敏感,因此在问卷的最后部分安排这些内容的调查[①]。

4.3 调查研究

4.3.1 调查实施

由于穿越大峡谷的游客进出比较分散,不利于集中发放问卷,所以调查的主要手段是网络。调查所用时间与计划时间略有偏差,发放问卷 580 份,回收有效问卷 477 份,回收率约为 82%。

4.3.2 调查结果

1) 游憩价值评估区域界定

本次研究确定的游憩价值评估范围是雅鲁藏布大峡谷,但是实际调查发现存在多目的地旅行的问题,因此需要处理这个问题。

2) 数据处理

在建立 ZTCM 模型之前,应先着重处理各变量问题,即计算旅行费用、确定游客的旅行时间(包括路途时间和游览时间)、解决多目的地旅行费用分离等问题,之后可以顺利建立符合雅鲁藏布大峡谷景区实际情况的 ZTCM 模型[②]。

① 旅行费用的估算

雅鲁藏布大峡谷的总旅行费用(不包括时间费用)等于不同客源地小区游客每人每次旅游的总费用与大峡谷内总旅游人次的乘积之和。由表 4-1 可知,2018 年雅鲁藏布大峡谷的总旅行费用为 37.06×10^8 元。

---

① 王维正,胡春姿,刘俊昌.国家公园[M].北京:中国林业出版社,2000.
② 同①.

② 旅行时间成本的估算

本文选择 1/3 的工资率作为出行时间成本评价系数，根据问卷调查结果计算，游客在林芝境内停留的现场时间与在雅鲁藏布大峡谷景区内旅游的时间之和平均为 8 天，按每人 250 天的有效工作时间计算，那么旅行时间价值公式为：

$$TC_t = 1/3 \times S_i/250 \times d = S_i \times d/750 \quad (4-1)^{①}$$

式中：TC_t 为旅行时间的机会成本；S_i 为各客源省份（即出游小区）2018 年城镇居民人均收入，数据来源于《中国统计年鉴 2019》；d 为旅途花费时间和游客在目的地停留时间之和。由以上公式得出 2018 年雅鲁藏布大峡谷国内游客的总的时间价值为 4.32×10^8 元。

③ 小区出游率计算

游客出游小区以省级行政区划分，调查的样本涉及除西藏外的 30 个省份，每千人当年出游到雅鲁藏布大峡谷旅游人次。其计算公式为：

$$VR_i = 1\,000 \times (n_i/N \times N_{ym})/P_i \quad (4-2)$$

式中：VR_i 表示 i 小区每千人出游人次；n_i 表示 i 小区实际出游人数；N 表示样本总数；N_{ym} 表示雅鲁藏布大峡谷当年总旅游人次；P_i 表示出游 i 小区总人口数。

本研究样本调查总数 N 是 477；2018 年雅鲁藏布大峡谷游客总人次 N_{ym} 为 98 万人次；P_i 是出游 i 小区总人口数，以《中国统计年鉴 2019》为准。

④ 职工平均工资

各客源小区游客的平均收入水平以各省份的职工平均工资为准，信息截取自《中国统计年鉴 2019》。部分文献研究是以不包括时间价值的旅行费用来计算消费者剩余，进而计算游憩价值。然而，更加普遍的是包括时间价值的旅行总费用。本文就是采用这种方法。

⑤ 旅行费用对出游率的影响

对各 i 小区出游率与旅行费用和其他变量进行二次回归，即得到旅行费用对出游率的需求曲线，用式（4-3）表示：

---

① 王维正,胡春姿,刘俊昌.国家公园[M].北京：中国林业出版社,2000.

$$VR_i = a_0 + a_1 TS_i + a_2 S_i \qquad (4\text{-}3)^{①}$$

式中：VR_i 表示 i 小区每千人出游人次（千分比）；TS_i 为总费用（包括旅行往返的交通和食宿费用、门票及景区内各项服务花费及其他费用与时间费用）；S_i 为 i 小区的人均年收入；a_0, a_1, a_2 为待定系数。

⑥ 求出各客源小区对大峡谷的实际需求曲线，确定消费者剩余

式(4-3)可以被校正为各旅游区的真实需求曲线：

$$TS_i = \beta_{0i} + \beta_{1i}\left(\frac{n_i}{N} \times N_{ym}\right) \qquad (4\text{-}4)$$

$$\beta_{0i} = -(a_0 + a_2 S_i)/a_1$$

$$\beta_{1i} = 1/a_1 P_i \quad (i = 1, 2, \cdots, n)$$

由式(4-4)得到各出游小区的旅行费用支出与其旅游人数的函数式，从而可以进一步计算小区的消费者剩余。

⑦ 总消费者剩余的计算

各出发小区游客的消费者剩余和雅鲁藏布大峡谷总消费者剩余由式(4-5)、(4-6)分别得出：

$$CS_{(i)} = \int_{p(0)}^{p(m)} f_{(p)} \mathrm{d}p \qquad (4\text{-}5)$$

$$ACS = \sum_{i=1}^{n} CS_{(i)} \qquad (4\text{-}6)$$

式中：$CS_{(i)}$ 表示出游小区 i 游客的消费者剩余；$p(0)$ 表示出游小区 i 到现场的旅行消费；$p_{(m)}$ 表示出游小区 i 边际效益为零时的最大旅行消费；$f_{(p)}$ 表示旅游人次与旅行费用函数关系式；p 表示景区门票价格；ACS 表示当年全部出游小区对雅鲁藏布大峡谷的总消费者剩余。

⑧ 景区的旅游总价值的计算

景区的旅游总价值即游客的总的支付意愿，计算公式即为各小区的实际旅行费用（包括时间成本）加上消费者剩余，关系式为：

---

① 郭剑英，王乃昂.旅游资源的旅游价值评估：以敦煌为例[J].自然资源学报，2004(6)：811-817.

$$T = \sum_{i=1}^{n} CS_{(i)} + \sum_{i=1}^{n} C_{Ti}\left(\frac{n_i}{N} \times N_{ym}\right) \qquad (4-7)①$$

式中：T 表示该景区的旅游消费总价值；$CS_{(i)}$ 表示 i 出游小区游客消费者剩余；C_{Ti} 表示 i 小区至该景区的旅行花费；$\frac{n_i}{N} \times N_{ym}$ 表示 i 小区至该景区当年出游人次。

3）结果分析

① 出游率回归模型的建立

式（4-1）~（4-5）表明，旅游人次和旅游费用决定雅鲁藏布大峡谷旅游者的消费者剩余，旅游人次受多种因素影响，如出发小区居民人口数量、年平均收入、社会经济发展水平等因素。据此建立各因子与出发小区出游率的线性回归模型（表4-1）。

表 4-1 2018 年雅鲁藏布大峡谷国内游客旅行费用统计表

地区	出发小区2018年底人口/万人	出发小区2018年城镇居民年均收入/[元/(人·年)]	抽查人数/人	出发小区2018年到大峡谷总游人次/万人	出发小区2018年到大峡谷的出游率/‰	出发小区旅行费用/(元·人⁻¹)	出发小区总旅行费用/万元（不包括时间价值）	旅行时间价值/(元·人⁻¹)	出发小区全部游客总旅行价值/万元
北京	2 154	67 989.9	24	6.7	0.639 1	4 008.11	26 854.34	725.23	31 713.35
天津	1 560	42 976.3	21	5.864	0.772 3	4 008.11	23 503.56	458.41	26 191.70
上海	2 424	68 033.6	30	8.376	0.709 9	4 321.66	36 198.22	725.69	42 276.62
重庆	3 102	34 889.3	18	1.676	0.111 0	3 756.71	6 296.41	372.15	6 920.14
安徽	6 324	34 393.1	9	2.512	0.081 6	3 746.30	9 410.71	366.86	10 332.26
福建	3 941	42 121.3	15	1.676	0.087 4	4 052.23	6 791.54	449.29	7 544.55
甘肃	2 637	29 957	21	5.864	0.456 9	3 229.61	18 938.43	319.54	20 812.22
广东	11 346	44 341	15	0.838	0.015 2	4 134.49	3 464.70	472.97	3 861.05
广西	4 926	32 436.1	9	0.838	0.035 0	3 719.65	3 117.07	345.99	3 407.00
贵州	3 600	31 591.9	18	2.512	0.143 4	3 715.55	9 333.46	336.98	10 179.96
海南	934	33 348.7	6	0.838	0.184 3	4 034.93	3 381.27	355.72	3 679.36
吉林	2 704	30 171.9	9	0.838	0.063 7	3 717.59	3 115.34	321.83	3 385.04

① 郭剑英，王乃昂.旅游资源的旅游价值评估：以敦煌为例[J].自然资源学报，2004(6)：811-817.

(续表)

地区	出发小区 2018年底人口/万人	出发小区 2018年城镇居民年均收入/[元/(人·年)]	抽查人数/人	出发小区 2018年到大峡谷总游人次/万人	出发小区 2018年到大峡谷的出游率/‰	出发小区旅行费用/(元·人$^{-1}$)	出发小区总旅行费用/万元(不包括时间价值)	旅行时间价值/(元·人$^{-1}$)	出发小区全部游客总旅行价值/万元
江苏	8 051	47 200	30	8.376	0.213 7	3 987.05	33 395.53	503.47	37 612.57
江西	4 648	33 819.4	15	0.838	0.037 0	3 690.31	3 092.48	360.74	3 394.78
辽宁	4 359	37 341.9	12	0.838	0.039 5	3 777.94	3 165.91	398.31	3 499.70
河南	9 605	31 874.2	15	4.188	0.089 6	3 878.23	16 242.03	339.99	17 665.91
河北	7 556	32 977.2	18	5.026	0.136 7	3 748.60	18 840.46	351.76	20 608.39
黑龙江	3 773	29 191.3	12	0.838	0.045 6	3 719.77	3 117.17	311.37	3 378.10
湖南	6 899	36 698.3	18	2.512	0.074 5	3 705.15	9 307.34	391.45	10 290.66
湖北	5 917	34 454.6	12	3.350	0.116 3	3 902.61	13 073.74	367.52	14 304.92
内蒙古	2 534	38 304.7	9	2.512	0.203 7	3 292.74	8 271.36	408.58	9 297.72
宁夏	688	31 895.2	9	2.512	0.750 1	3 331.54	8 368.83	340.22	9 223.45
青海	603	31 514.5	24	6.700	2.282 8	3 310.61	22 181.09	336.15	24 433.32
山东	10 047	39 549.4	21	2.512	0.051 4	3 914.78	9 833.93	421.86	10 893.64
山西	3 718	31 034.8	15	1.676	0.092 6	3 761.80	6 304.78	331.04	6 859.60
陕西	3 864	33 319.3	15	4.188	0.222 7	3 279.86	13 736.05	355.41	15 224.49
四川	8 341	33 215.9	30	8.376	0.206 3	3 733.19	31 269.20	354.30	34 236.84
新疆	2 487	32 763.5	6	0.838	0.069 2	3 259.18	2 731.19	349.48	3 024.05
云南	4 830	33 487.9	12	0.838	0.035 6	4 025.89	3 373.70	357.20	3 673.03
浙江	5 737	55 574.3	24	3.350	0.120 0	4 146.72	13 891.51	592.79	15 877.37
合计			492	98			370 601.35		413 801.80

注：①年末城镇居民年均收入和各小区的总人口依据《中国统计年鉴2019》数据得到；②各小区出游抽查人数和旅游花费来源于雅鲁藏布大峡谷游客问卷调查。

表4-2 相关分析结果表

类别	回归方程	相关系数(R^2)	检验值(F)	显著水平(P)
出游率(VR)与总费用(TS)、人均年收入(S)	$VR = 2.473\ 6 - 0.000\ 7ts + 0.000\ 2s$	0.191 4	3.20	0.056 8
旅游人数(Y)与旅游费用(X)	$Y = 0.567\ 4 + 0.000\ 7X$	0.006 8	0.19	0.663 8

② 消费者剩余的计算

根据式(4-6)～式(4-7)计算消费者剩余,相关数据如表4-3所示,综合计

算得到 ACS 为 3.46×10^8 元。

表 4-3　各地区消费者剩余计算结果

	$beta_0$	$beta_1$	TS	P_0	P_m	CS
北京	5 597.30	−0.59	5 597.22	4 008.11	4 872.00	3 241.14
天津	4 694.54	−0.81	4 694.41	4 008.11	4 235.99	803.00
上海	5 598.88	−0.52	5 598.80	4 321.66	4 873.11	2 131.16
重庆	4 402.67	−0.41	4 402.66	3 756.81	4 030.51	919.60
安徽	4 384.76	−0.20	4 384.76	3 746.30	4 017.90	910.29
福建	4 663.68	−0.32	4 663.67	4 052.23	4 214.38	572.68
甘肃	4 224.66	−0.48	4 224.61	3 229.61	3 905.07	2 111.42
广东	4 743.79	−0.11	4 743.79	4 134.49	4 270.82	488.26
广西	4 314.13	−0.26	4 314.13	3 719.65	3 968.14	826.05
贵州	4 283.66	−0.35	4 283.65	3 715.55	3 946.67	766.18
海南	4 347.07	−1.36	4 347.01	4 034.93	3 991.29	−150.35
吉林	4 232.41	−0.47	4 232.41	3 717.59	3 910.57	637.39
江苏	4 846.97	−0.16	4 846.97	3 987.05	4 343.50	1 267.08
江西	4 364.05	−0.27	4 364.05	3 690.31	4 003.31	1 041.15
辽宁	4 491.18	−0.29	4 491.18	3 777.94	4 092.87	1 067.57
河南	4 293.85	−0.13	4 293.85	3 878.23	3 953.86	255.31
河北	4 333.66	−0.17	4 333.65	3 748.60	3 981.90	779.11
黑龙江	4 197.02	−0.34	4 197.02	3 719.77	3 885.64	546.51
湖南	4 467.96	−0.18	4 467.95	3 705.15	4 076.50	1 246.97
湖北	4 386.98	−0.21	4 386.97	3 902.61	4 019.46	398.25
内蒙古	4 525.93	−0.50	4 525.91	3 292.74	4 117.33	2 659.01
宁夏	4 294.61	−1.85	4 294.32	3 331.54	3 954.11	1 979.79
青海	4 280.87	−2.11	4 279.88	3 310.61	3 943.72	2 006.22
山东	4 570.86	−0.13	4 570.85	3 914.78	4 148.99	810.16
山西	4 263.55	−0.34	4 263.55	3 761.80	3 932.51	567.88
陕西	4 346.00	−0.33	4 345.99	3 279.86	3 990.58	2 256.25
四川	4 342.27	−0.15	4 342.27	3 733.19	3 987.96	849.98
新疆	4 325.95	−0.51	4 325.94	3 259.18	3 976.46	2 268.12
云南	4 352.09	−0.26	4 352.09	4 025.89	3 994.88	−106.78
浙江	5 149.21	−0.22	5 149.20	4 146.72	4 556.41	1 511.08
合计	—	—	—	—	—	34 660.48

③ 大峡谷国内旅游总价值

2018 年雅鲁藏布大峡谷国内旅游总价值＝总旅行费用＋消费者剩余＝$(41.38+3.47) \times 10^8 = 44.85 \times 10^8$（元）

④ 与其他景区研究结果的比较

表 4-4 相关研究结果分析

资料来源	研究地点	评估年	有效样本数	客流量/(10^4 人)	实际支出/（元·人$^{-1}$）	消费者剩余/（元·人$^{-1}$）	TCM 建模方法
郭剑英、王子昂（2004）	敦煌	2001 年	488	54.20	813	644.00	二次曲线
张茵、蔡运龙（2004）	九寨沟	2002 年	970	125.34	870	375.92	线性
辛琨、刘和忠等（2005）	海南省	2002 年	167	1 124.76	4 516	—	线性
李京梅、刘铁鹰（2010）	青岛	2007 年	529	3 258.78	1 123（含时间价值）	622.93	线性、对数曲线
本研究（2018）	雅鲁藏布大峡谷	2018 年	477	49	4 212（含时间价值）	1 574.49	线性、二次曲线

表 4-4 表明，与近年其他研究成果相比，本次研究所得出的结果较大，虽然其中含有一定的误差，但是结合近些年的旅游热点及雅鲁藏布大峡谷的特殊地理位置，此结果是有一定的可信度的。

4.4 结论与建议

4.4.1 结论

结论一：本文采用旅行费用法评估雅鲁藏布大峡谷 2018 年的国内旅游总价值，主要计算方法是旅行费用支出加消费者剩余。最终计算得出雅鲁藏布大峡谷 2018 年的国内旅游总价值为 44.85 亿元。

结论二：雅鲁藏布大峡谷旅游资源价值巨大，相较于 2018 年的旅游收入还有极大的提升空间，并且游客的消费者剩余是其他地区的 2.4～4.19 倍，消费者需求欲望强烈。

4.4.2 建议

1) 立足供给侧改革,刺激高端旅游需求

以雅鲁藏布大峡谷为代表的林芝市的主要旅游资源极为丰富,而目前能够前往旅游的人次与实际还有较大差距,主要原因是对现有旅游资源开发不足,不能有效供给适合各类旅游爱好者尤其是高端旅游者的产品和服务,因而不能进一步刺激该地区的旅游消费升温。首先,林芝市旅游供给侧改革应把以旅游基础设施、新产品、新服务、新项目为导向的旅游综合改革作为突破口,完善各项配套设施和项目,以适应国内外旅游消费者的需求。其次,充分利用"互联网+"优势,把雅鲁藏布大峡谷推向全球,满足更多国内外高端旅游爱好者的探险需求。最后,打造优美自然风光和摄影、书画、诗歌、散文等一体的文化旅游品牌,满足喜欢"诗与远方"的旅游艺术爱好者的诉求;开发自驾游、野营、探险项目,满足旅游冒险人士的爱好;根据不同季节实行差别定价,吸引更多游客前来观光;发挥互联网的共享共生特点,打造网络旅游直播平台,把雅鲁藏布大峡谷"高、壮、深、润、幽、长、险、低、奇、秀"的特点充分展现给广大互联网客户,扩大景区影响力,提高游客的自主参与意识。

2) 保护与开发并重,实现旅游资源的可持续性

在开发旅游资源项目时,以"在保护的基础上开发、在开发的基础上保护、坚持保护自然生态环境为先"为原则,科学合理地利用大峡谷的自然生态旅游资源,和国内国际相关研究机构联合进行生物多样性保护研究,按照适宜旅游开发区、适度旅游开发区、限制旅游开发区、禁止旅游开发区对大峡谷进行划分,最大限度减少人为干扰对自然资源的破坏,实现旅游资源的可持续发展。

3) 依托多民族文化特色,发展民俗旅游,增加农牧民收入

雅鲁藏布大峡谷地区聚居着藏、汉、回、怒、门巴、珞巴、独龙、纳西等10多个民族及僜人。其久远的历史和独特的文化习俗是其他地区缺少的珍稀资源,应该借助互联网优势,利用各类文化节日,大力宣传这些民族独特的风俗习惯和神秘文化,吸引众多的旅游爱好者前来观光旅游;应充分参考同类型地区旅游资源开发中出现的问题,尽量做到在不妨碍本地民众的生活与生存的基础上大力发展旅游业。农牧民直接参与旅游项目,可以增加收入,提高生活水平,同时也为景区增加了特色旅游项目。

5 西藏旅游目的地旅游供给侧结构性改革路径

2019年全球旅游总人次为123.1亿人次,旅游总收入为5.8万亿美元,相当于全球GDP的6.7%,其中全球国内旅游收入达4.1万亿美元,全球旅游业实现了"四连增"(详见表5-1),入境旅游与国内旅游收入波动趋势放缓。我国在全球旅游竞争力排名中位居第13位(4.9分),排名较2017年上升2位。我国旅游经济在2013—2019年连续7年位居第二,且为国内驱动的减速缓增型旅游国家,被列入旅游经济高度集中的TOP20国家之一。其中我国和美国在服务贸易出口国和旅游服务贸易出口国中均位列前两位。我国已成为世界第一大出境旅游客源国和全球第四大入境旅游接待国。世界经济论坛公布的《2019年旅游业竞争力报告》显示,我国在全球旅游竞争力排名中位居第13位(4.9分),排名较2017年上升2位。

表5-1 全球入境旅游收入和国内旅游收入增速[①]

	2016	2017	2018	2019
入境旅游收入增速	1.0%	11.5%	2.5%	1.1%
国内旅游收入增速	3.3%	7.5%	2.7%	1.2%

我国旅游业的成长是我国改革开放40多年来经济发展和人民生活的窗口和缩影,从旅行到初期的外事接待事业再到1998年的经济建设产业,从2009年提出的"战略性支柱产业"到2016年被誉为"幸福产业之首"产业,发生了经济产业向民生服务的主体转变的发展理念的变化,实现了旅行到旅游产业再到"大旅游"(现代服务业的重要组成部分)、全域旅游的结构转型升级,形成了集旅游供

---

① 世界旅游经济趋势报告(2020)[EB/OL].[2020-01-10].http://www.cntour.cn/news/12719/.

应商、旅游媒介、旅游消费者、旅游支撑条件等于一体的旅游产业体系,构建了由政府主导转向市场主导的国内旅游、入境旅游和出境旅游"三足鼎立"的市场格局。

我国旅游业的自变革,从增长主要依赖于投入逐步过渡到投入和效率的双重驱动,实现了从旅游短缺型国家到旅游大国的历史性跨越,成为世界重要的旅游目的地和客源国。目前,中国旅游产业对国民经济综合贡献率和社会就业综合贡献率均超过 10%,高于世界平均水平。文化和旅游部公布数据显示,我国 2018 年全年实现旅游总收入 5.97 万亿元,旅游业对 GDP 的综合贡献为 9.94 万亿元,占 GDP 总量的 11.04%。从增速来看,同比增长了 7.3%(上年度同期增速为 37.22%),较上年度增速降幅较大①。

在经济新常态背景下,我国经济在投资、消费、出口等经济驱动领域出现了颓势和不足,因此 2015 年中央提出供给侧结构性改革,实现经济增长方式的转变,从投资增长转向效率增长,提升竞争力。供给侧结构性改革既是我国经济发展的形势所迫,也是经济发展的又一次机遇,给旅游业带来巨大红利,或将彻底重构中国旅游业②。与此同时,《"十三五"旅游业发展规划》出台,加快了旅游业供给侧结构性改革,这是中国旅游业自我改革靶向所指、形势所趋。

在新时代社会主要矛盾表现出不平衡、不充分的特征下,旅游业的根本任务就是满足人民对美好生活的向往,解决社会主要矛盾③。在新时代改革驱动下,具有中国特色的旅游业的发展架构,规模在扩大,效率在提高,以旅游需求入手,提高旅游效率,提升居民幸福感④⑤,实施旅游产业供给侧结构性改革,促进产业发展从偏"量"的积累转变为重"质"的提升。加之 2018 年中国文化和旅游部成立,标志着新时代我国旅游管理体制发生重大变革,旅游业进入全新发展时期。

2019 年是西藏旅游业的第 40 个年头,累计接待国内外游客 4 012.15 万人次,同比增长 19.1%,实现旅游总收入 559.28 亿元,同比增长 14.1%⑥。旅游业

---

① 王晓芳,胡静,谢双玉,等.2019 中国旅游业发展报告[M].北京:中国旅游出版社,2019.
② 林琼利.供给侧改革视角下我国乡村旅游产业结构提升研究[J].农业经济,2018(2):43-44.
③ 戴斌.优化旅游供给,满足人民美好生活需要[N].中国旅游报,2017-11-29.
④ 程玉,杨勇,刘震,等.中国旅游业发展回顾与展望[J].华东经济管理,2020,34(3):1-9.
⑤ 夏杰长,徐金海.中国旅游业改革开放 40 年:回顾与展望[J].经济与管理研究,2018,39(6):3-14.
⑥ 谷莉婷.2019 年西藏实现旅游总收入 559.28 亿元同比增长 14.1%[EB/OL].[2020-04-22].https://www.sogou.com/link?url=DSOYnZeCC_rd4Uq6QTUSxRzHXXYC-9CjkJFV94Rw_OmE_H4pvdleTgyw_u7CrrMh3NqEsBdGrtsw.

对全区经济社会发展贡献率达33%。旅游业迅速发展,已全面融入全区经济社会发展战略体系,旅游现代化治理体系日臻完善,旅游信息化水平持续提升,走向国民经济建设的前沿,旅游基础设施规范化标准化建设试点等重点项目不断推进,国际区域旅游合作不断加强,如以旅游经济为主导的冈底斯国际旅游合作区和中尼跨境旅游项目的建设等。西藏旅游业实现了由国民经济战略支柱性产业向主导产业的历史性跨越。

据统计,2015年中国人均出游次数接近3次,人均GDP已经突破8千美元,发展型消费给旅游业的发展带来巨大的潜在目标群体,旅游消费成为刚性需求,并成为拉动经济增长的潜在动力。结构性失衡是当前我国旅游产品供给最大的顽疾。经济学家库兹涅茨说:"如果没有结构转变,持续的经济增长将不可能实现。"旅游产品的供给若不能适应经济新常态下旅游需求侧的变化,造成供需不平衡,将会制约旅游业可持续发展。

5.1 旅游供给侧结构性改革(TSSSR)综述

我国提出供给侧改革以来,有关供给侧改革的相关研究学科主要分布在经济体制改革、农业经济和金融等领域,详见表5-2。

表5-2 供给侧结构性改革的重要研究学科[①]

载文数量/篇	学科名称	载文数量/篇	学科名称
520	经济体制改革	75	可持续发展
190	农业经济	71	高等教育
153	金融	63	企业经济
93	工业经济	60	贸易经济
77	职业教育	42	新闻与传媒
76	财政与税收	40	文化

国外关于旅游供给侧改革的研究大都集中在旅游供给要素和旅游产业供应链发展方面。国内旅游学科的供给侧改革研究集中于三个层次,详见表5-3。

---

① 刘战豫,孙夏令.基于CiteSpace的供给侧结构性改革研究进展与热点分析[J].资源开发与市场,2018,34(7):956-961+929.

表 5-3　国内旅游学科在供给侧改革研究

研究角度	研究学者	主要观点
国家供给侧改革政策背景视角	于洪雁 李东和	运用耦合协调模型，研究中国 31 个省（自治区、直辖市）旅游供需耦合协调的时空特征及其演变规律和安徽省旅游供需系统的综合发展水平和耦合协调度
	王冠孝等	从旅游空间结构标准和测评模型，定量测评了山西省旅游空间结构
	刁丽琼	阐述了精准扶贫导向下乡村旅游供给侧创新的研究
	吕 哲 刘丰华	分别研究了新疆体育旅游产业发展、关中休闲旅游型乡村发展存在的供给侧问题，并从乡村规划体系、整体空间格局、人居环境改善三个方面提出有针对性的空间规划响应策略
	李 琪 余 杰	讨论了亟须从供给侧改革的视角出发，从多角度改革旅游业面临着供给质量和供给效率低下的问题，实现乡村旅游产业的提档升级
	任红艳 李平芬	主要研究旅游人才队伍的供给侧改革，结合景区调研研究西安旅游景区人力资源开发和广西旅游行业人才队伍，立足广西旅游发展目标，创新人才培养模式，相互协助，协同育人，升级旅游人才队伍
旅游产品的供给侧改革研究	彭灵芝	研究了乡村文化旅游产品供给侧改革
	马颖欣	从茶文化与旅游业的产业融合角度探讨茶旅产品和服务需求的供给侧改革
	廖军华	从供给侧治理的角度研究民族体育旅游产品的开发
	郎超平等	对比分析台湾与三亚民宿，研究民宿旅游产品的发展对策
	陈 颖	以漓江休闲游产品为国内休闲旅游的典型代表，建议通过体制、产品、监管、服务等四大创新改善现有的休闲游产品供给，满足休闲旅游需求
	孙秀娟	以阳江滨海旅游城市为研究对象，探讨养老旅游产业供给侧结构性改革
旅游供给侧区域实践研究层次	王 恒	探讨供给侧结构性改革的理论问题，结合松原市提出区域旅游产业供给侧改革路径
	王 双	基于旅游产品供需、旅游产业融合、大众旅游等理论，研究了山东省旅游产业供给现状和旅游业供给侧结构性改革创新发展建议
	张丽萍	从全域旅游视角探讨了湖南全域旅游示范区旅游供给侧改革
	王芙蓉	从中国经济供需不平衡角度研究山西省文化旅游业供给侧改革的实现路径
	肖 来	以义乌购物旅游目的地为对象，结合市场结构和游客需求的变化，提出义乌购物旅游转型升级应当重塑商品、服务、配套设施三个维度体系，使义乌成为世界购物旅游之都
	席亚洁	对海南省中西部生态旅游产业供给侧结构性改革提出了建议
	陈显军等	从产业链角度探讨了广西旅游业供给侧改革
	顾婷婷	分析乡村旅游供给与乡村振兴之间的关系，结合南京市乡村旅游发展，从供给侧角度提出南京市乡村旅游改革的对策建议

(续表)

研究角度	研究学者	主要观点
旅游供给侧区域实践研究层次	贵崇朔等	针对当前中国乡村旅游的有效供给不足问题,从实现供需平衡为目标提出著名旅游景区引领模式、旅游风景廊道协同模式等五种发展转型模式加速乡村供给侧结构性改革,以期提高旅游型乡村的有效供给,并为乡村规划调控思路提供借鉴
	罗安伟	从重庆市全域旅游发展角度就推动旅游供给侧改革提出认识与思考
	曾敏等	运用旅游地生命周期理论,从不同发展阶段探讨新疆吐鲁番旅游供给侧改革对策
	张静妍	从供给侧结构性改革的视角探讨未来保山旅游产业的发展走向
	寇扬扬	探讨西藏旅游业要积极推进供给侧结构性改革,优化旅游产品线路,提高旅游基础设施建设、提升旅游服务水平等

5.2 RST 模型的西藏旅游供给侧发展困境

5.2.1 旅游产品品质和数量供给与有效旅游需求不匹配

旅游产品属于高消费需求的奢侈品,需求弹性较大,需求敏感度强而且具有明显的季节性。西藏旅游产品区别于其他地域的重要特征是旅长游短,旅游成本高。对区内游客来说,利用闲暇时间到周边景区和乡村开展旅游活动,属于弹性较小的中短途观光旅游产品和周末短途度假旅游产品;对国内旅游者来说,西藏旅游体验属于远途观光旅游产品,伴随着极少量的生态旅游。文化旅游产品具有较大的弹性,但是它与生态旅游或乡村生态旅游相类似,对旅游者要求相对较高,不仅要具有较高的文化素养而且还要具有强烈的责任感。加之西藏旅游产品有效需求的形成具有明显的季节性,导致现阶段开发的旅游产品集中在点线路的走马观花式的大众旅游观光产品上,高端的、给游客带来更多体验感的旅游产品次之且数量少,远远不能满足有支付意愿和强购买预期的游客需求,导致高原山地旅游产品的无效供给太多,出现无"适销对路"的旅游产品,"有效需求不足"的现象。

5.2.2 旅游产品结构与有效旅游需求不平衡

改革开放以来,随着经济增长和居民可支配收入水平的提高以及中产阶层的崛起,人们的有效旅游需求更加趋于多元化和个性化,对休闲度假旅游、康养旅游、研学旅游等新兴旅游产品需求增多。西藏现有的旅游产品主要是以自然风光、民俗风情为主的观光型旅游产品,有少量的专项或主题型的旅游产品,如探险旅游、乡村体验旅游等。旅行社或旅游企业主导着产品销售,散客和自驾游比例较低,仍然居于从属地位。旅游产品结构单一,缺乏有文化特色的高端设计,创新创意不足,旅游产品开发地域特色不突出,同质化现象严重,低层次的旅游产品过多,高品质旅游产品稀缺,与游客的有效需求不平衡,导致有效需求与有效供给不匹配。

西藏旅游产品要素投入结构不合理。在旅游产品开发方面,将大量土地、资本、劳动力投入上大项目、建大景区的政绩工程中,但建成以后又忽视旅游产品的供给效率及效益,造成大量的资源浪费及要素错配。旅游产品的生产要素大多配置到"吃、住、行和游"的开发中,"购和娱"等旅游产品要素则配置不足[1]。

西藏旅游产品结构处于低水平开发阶段。旅游吸引物的点线开发模式可以形成环状平面结构的旅游产品。西藏旅游产品主要以自然和人文旅游资源的大规模投入为基础来实现旅游产品的价值,主要强调资源地平面开发,没有注重提升资源附加价值的立体开发[2]。

5.2.3 辅助子系统对旅游产品供给支撑作用不充分

旅游需求的特性决定了旅游产业发展在地域空间上的分割性,这种地域空间的分割性抑制着旅游规模经济效益。随着青藏铁路的通车,西藏旅游接待人数井喷式增长,但是由于旅游专业人才的缺乏和人才培养不足且对区外人才缺乏吸引力,旅游专业服务人员数量、质量与旅游者有效需求不匹配,存在管理规划问题。高质量从业人员的缺失是西藏地域经济社会发展的薄弱环节,影响着旅游规模经济效益甚至相关产业的发展。再则,在西藏旅游供给基础设施结构方面,旅行社数量在增加的同时,星级饭店的数量在逐渐减少,星级饭店的营业收入构成比也存在明显的不合理性。相关旅游配套设施建设的不足、

---

[1] 徐金海,夏杰长.以供给侧改革思维推进中国旅游产品体系建设[J].河北学刊,2016,36(3):129-133.
[2] 陈佳平.中部区域旅游合作背景下河南旅游产品结构调整优化研究[J].地域研究与开发,2009,28(5):102-106.

运营维护管理的不到位等导致旅游项目投入成本远远高于内地其他省份,投入产出效率低。加之西藏地域宽广,旅游地域空间分散,造成游客分散,不能产生集聚效益。旅游信息技术运用相对落后,智慧旅游发展处于起步阶段。文化支撑旅游业发展的作用还未形成,文化旅游产品开发处于低水平发展阶段。

5.2.4　调节子系统与旅游产品开发不协调

国家层面把西藏定位为世界旅游目的地,西藏旅游资源也具有世界级特征,如珠穆朗玛峰、雅鲁藏布大峡谷、南迦巴瓦峰等,但是在旅游产品开发上与世界级旅游目的地和旅游资源差之甚远。西藏特殊的地域空间,导致西藏边境线长。从政府政策层面看,边境区域为未开放地区,国际游客和内地游客前来旅游受限很多,导致游客的满意度下降,影响国际和区外旅游市场的开拓。

市场发育不健全,旅游产品服务品质不高,导致游客体验满意度不高,影响产业效益。旅游市场所起的旅游资源配置的决定性作用发挥不充分,旅游产品大多数集中在普通级别的观光旅游上,升级版的观光旅游、深度体验的康养旅游和探险旅游甚少,即使有体验内容也是单一的,无西藏地域特色。专项旅游和新兴旅游产品如高原生态观光与休闲、户外运动、文化生态体验、冰川科考、峡谷探险等的开发也处于低水平阶段。

资源环境承载力问题。西藏地质年代年轻,自然生态环境具有极强的脆弱性。生态环境以及国家战略层面上的生态安全屏障建设的刚性要求,导致旅游资源开发与保护之间的矛盾、旅游资源环境承载力问题以及旅游产业生态安全问题进一步加剧[①]。如景点景区垃圾回收处理设施存在短板,游客们对虫草、藏药、濒危野生动植物制品和纪念品的消费需求增加,增加了保持当地生物多样性的难度。

加之,随着青藏高原抬升和全球气候变暖以及不合理的人类活动的干预,西藏生态环境脆弱性程度加大,出现生态环境退化问题,生态安全面临挑战。西藏大部分地区呈现暖干化趋势,生态环境退化、冰川退缩、冰川雪线上升;境内湖泊

---

① 王汝辉.西藏建设世界级旅游目的地差距诊断及战略选择研究:基于SMED评估体系视角[J].中国藏学,2013(3):35-40.

萎缩、高原冻土下界上升、冻土消融,生物多样性也受到严重挑战,进而诱发草地退化和土地荒漠化。极端恶劣气候导致泥石流,造成道路塌陷,阻断了旅游交通道路。

5.3 西藏旅游目的地供给侧改革路径

旅游地域系统是由旅游吸引物、旅游客源地和旅游目的地组成的空间功能系统。本文将旅游目的地产品开发应用于旅游地域系统的研究中,为旅游地域系统研究提供全新的研究范式。本文将 RTS 理论工具运用于旅游供给侧改革问题研究,寻求改革新思路和新路径。

5.3.1 全要素投入,提升旅游产品品质

首先,优化旅游产品要素投入配置比例。依据旅游产品模型为圈层结构,见图 5-1,旅游产品的开发既包含硬件(物理场所),也包含软件(企业所提供的服务和参与性的旅游活动等),改变结构,提升旅游产品品质,在西藏旅游产品生产要素配置中将"吃、住、行和游"与"购和娱"的旅游产品要素相结合,全方位、全要素投入在土地、资源、劳动力上开发经济和景区,同时注重旅游产品服务和旅游体验产品参与性的供给效率及效益,避免造成大量的资源浪费及要素错配。针对长期以来存在着的"旅长游短"、要素比例失调的严重现象,要素投入

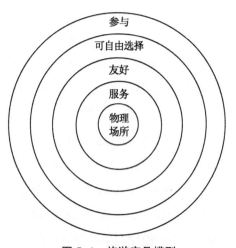

图 5-1 旅游产品模型

(资料来源:根据斯蒂芬·史密斯的
旅游产品解释模型整理而成)

优化要以增强高等级景区、景点的吸引力为出发点,延长旅游者在省内的逗留时间,以游客为中心合理提高餐饮、住宿、旅游商品的销售收入,有效降低长途交通比例。

西藏已开发景点有 300 多处,形成了"一心、两区、三廊、四环、五圈",全域旅

游发展模式初步形成。但受交通、通信等基础设施和区域经济基础的影响,西藏点状旅游产品空间集中在拉萨和林芝;线状产品主要是东南环线,与西北环线合作不紧密,空间跨度大,主题形象不突出;至于立体网状产品目前尚未形成。因此应集中有限人、财、物开发一批重点景区,提升西藏区域内区域旅游经济的拳头产品的品质;在改善交通条件的基础上,以主题为灵魂,加强区域联合,逐步实现点状产品向线状产品过渡,以热点带动温、冷地区,不断增强产品的吸引力、竞争力[①]深挖生态文化、工布文化、门隅珞巴文化、西藏红色革命文化等可选主题;积极培育昌都、山南、日喀则三大次中心和三江并流、怒江峡谷、芒康古盐田、然乌湖、雅鲁藏布大峡谷、南迦巴瓦峰、巴松措、羊卓雍湖、江孜古城、扎什伦布寺等重要节点,加大开放力度,发展边境旅游重要节点。以普兰县为核心,以亚东、樟木、吉隆等边境口岸为重要节点,在线状产品优化的基础上逐步向网络型的旅游产品过渡。尤其是拉萨—林芝旅游铁路设施建设对带动西藏旅游业的快速发展意义重大,争取以此来构建以拉萨为中心,以生态文化和民族文化为两条黄金轴线产品,以山南、日喀则为次中心,覆盖全省的旅游网络产品格局。

其次,优化旅游产品结构要素投入类型。由于西藏地域的特殊性,其吸引物也具有独一无二的特性,丰裕度高和垄断性极强。地域分散性的旅游吸引物决定着旅游需求的分散性,而且还会影响旅游目的地的选择。旅游产品要素结构投入优化需要点状、线状、网络状旅游产品开发要素投入合理搭配,即能以网展线,以线串点。从西藏实际情况来看,点状、线状、网络状旅游产品空间结构还不是十分完善。

最后,优化旅游产品要素投入组合方式。观光旅游产品资源消耗大,旅游溢出效应低。开发具有地域性特征的旅游产品,形成旅游目的地旅游产品体系结构,与旅游目的地的可持续发展息息相关。因此旅游产品科学性的创新组合是旅游产品发展趋势。

5.3.2 全产业融合,实现旅游产品生态化

生态旅游、文化旅游、参与旅游和休养旅游被普遍认为是在全球范围内即将

---

① 李亚兵,肖星.区域旅游产品结构优化设计研究:以甘肃省为例[J].干旱区资源与环境,2005(4):130-134.

普及的四种新型旅游,应推进旅游产业融合发展,实现旅游产品生态化。从旅游目的地生命周期发展规律可知,旅游业应走内涵式发展路线,重视旅游产品内涵建设,优化旅游产品结构,维持旅游的持久吸引力,促进旅游经济可持续发展。优化西藏旅游产品结构,构建以生态旅游和休闲度假游为主的旅游产品,促进旅游产业与文化产业、农业等的融合,推进旅游产品生态化发展对西藏旅游的可持续发展具有重要的现实意义。坚持环境友好的原则,规范发展高山冰川生态游、森林峡谷生态游、湖泊湿地生态游、高原生物生态游、高原农牧业生态游等市场相对较大的一般生态游产品。

加强对生态旅游资源的分级分类保护。根据景观类型的不同特点制定相应保护措施,做好相关规划的协调衔接,建设适度规模的旅游项目,严格遵循生态发展规律,按照《西藏自治区主体功能区规划》和《西藏生态安全屏障保护与建设规划(2008—2030年)》等内容,严守生态保护红线、环境质量底线和资源利用上线,在禁止开发区域严禁开发旅游项目和建设服务设施。景区建设实施绿色旅游引导工程,建立游客容量调控制度,科学合理确定旅游目的地游客承载量,健全资源管理、环境监测等其他保护管理制度,严格评估游客活动对景区环境的影响,规范景区工作人员和游客行为[①]。

5.3.3 发展全域全时旅游,构建旅游产品多元化体系

构建西藏旅游产品多元化体系,从资源共享和系统理论的角度来考虑,加强区域国际国内合作与协作,根据市场供需、交通区位、旅游资源、区域经济等外部环境对系统功能与结构进行调控,构建多元化的全域旅游产品。如林芝市一年一度的桃花节,以桃花为吸引物,以桃花节为平台(点面结合),通过旅游交通将察隅县罗马村桃花、波密县桃花沟、嘎拉桃花、工布江达县桃花和那曲市嘉黎县尼屋乡桃花节等串成桃花旅游专线(线),深度开展观光赏花、美食体验、桃花研学和绘画摄影等活动(点线面圈网结合),提升桃花主题旅游产品品质。在旅游产品类型多样化的基础上,提高现有全域旅游产品质量,提高旅游者的满意度,提升西藏地域旅游业国际竞争力,由以往重复推出类似旅游产品造成彼此雷同

---

① 国家发展改革委,国家旅游局.全国生态旅游发展规划(2016—2025年)[EB/OL].[2016-09-06]. http://www.gov.cn/xinwen/2016-09/06/5105784/files/ebod7edf4a964a9aac222c1c1b331d23.pdf.

的替代关系,转化成优势互补、各具特色、合理有序的市场共赢格局。按照国家区域发展总体战略,实施山水林草湖田跨区域开发,建立合作框架和共享机制,实现跨区域联动发展,构建全域旅游产品体系。

旅游产品的时间结构优化。针对资源特色和市场需求来调整旅游产品的销售时间和新产品的市场推出时间、替代旅游产品的推出时间。

西藏旅游产品的销售时间,主要集中在 5—10 月份,时间较短,冬春季基本属于旅游产品销售的空白期,致使旅游设施长时间闲置,因此,积极开发冬春季旅游产品,延长旅游产品销售时间,拓展客源市场,不失为优化产品结构的有效途径之一。针对西藏实际,应开发全时旅游产品如商务旅游、会议旅游、研学游学旅游、生态文化体验游等延长旅游时间。根据旅游产品的生命周期理论,研判市场,设计生态旅游产品。围绕"世界屋脊·神奇西藏"的主题,针对高端市场,深度开发特色文化、自然生态旅游资源,着力打造"世界屋脊""雪域圣地"和"古道天路"三大品牌体系,着力建立健全多功能产品体系,逐步形成品牌体系化、功能多元化和市场高端化的目的地产品体系。

5.3.4 以市场化、信息化、智慧化为导向,优化旅游产品空间结构

探索在旅游产品开发中应用现代科技的新途径,加快"旅游产品信息化"和"旅游科技化"建设。充分利用人工环境仿制技术、古环境模拟还原技术、激光技术等科技手段,增强旅游产品的体验性、景观冲击力和震撼力;加大对电子导游系统、电子翻译和解说系统等先进技术的引进,提高旅游产品的舒适度和便利度。

依托资源、面向市场,重点突出建设和提升 5A、4A 级景区等在旅游市场上有强大吸引力的旅游精品,从总体上提高西藏旅游产品的竞争力和发展后劲。同时也要强调兼顾目前 3A 级及以下景区或具有发展潜力的旅游资源开发等相对一般的旅游产品的开发建设,建立好旅游产品体系的梯队,更好地满足不同消费档次旅游市场的需求。

搭建全域智慧旅游一站式服务平台,将旅游信息、旅游消费需求与旅游服务供给相结合,推动旅游业态、旅游服务和旅游产品的创新升级,以平台的大数据、5G 直播、新零售、区块链等多项前沿科技为支撑,广纳西藏文化和旅游信息资源,将专业化的旅游资讯、个性化的产品服务、前沿化的科技感知,进行多维度、

立体化、精准式的传播,为广大游客提供"吃、住、行、游、购、娱"等方面的智慧旅游服务①。大力推进旅游新基建,推动重点文化旅游场所 5G 全覆盖,推进智慧景区、智慧旅行社、智慧民宿等的建设。

---

① 赵相康.大数据为贵州旅游腾飞插上翅膀[N].贵州日报,2020-11-07(3).

6 西藏旅游目的地旅游产业融合发展

从旅游目的地建设的支撑产业——旅游产业的角度,探讨旅游产业融合模式。产业融合的核心在产业生态化发展路径,采取"旅游产业+"发展模式,通过提升产业生态化水平来提升产业发展效率和效益,通过产业融合发展,延长旅游产业链,衍生旅游产业价值,建立多渠道、多形式的利益联结机制,实现产业社会效益、生态效益和经济效益最大化的目标。

6.1 农旅融合典型案例——下察隅镇"猕猴桃产业+旅游业"[①]模式

6.1.1 察隅县旅游产业融合发展概况

察隅县充分利用低海拔、印度洋暖湿气候,瞄准西藏区内、外市场,依据自身资源优势及特点,突出察隅县特色,以科技为先导,严格制定特色产业发展思路,规划猕猴桃、茶叶、石榴三个特色产业发展方向,强化和延长农产品产业链,高效配置各种生产要素,使特色产业成为察隅县经济增长、农民增收的重要支撑和长期保障。察隅县通过节省交易成本的方式,达到优化资源配置的目的,符合交易成本理论。同时根据产业链理论,从长度、宽度和深度扩展了察隅县产业体系结构,将旅游业与农业和文化产业融合发展,实现农业产业链升级和延长,提升产业链整体效率和附加值,达到农村产业利润增长和农牧民增收的目的。

察隅县猕猴桃基地有5个,建设总面积1 501亩(1亩合666.7平方米),进行了土地平整、购置种苗及栽植、搭架设桩、安装网围栏、完善给排水工程及其他附属设施的建设工作。猕猴桃基地平均每年亩产1 000千克,预计年产值3 002万元。猕猴桃基地建设项目同时发挥了察隅县的地域优势、环境优势,增强了农牧民养殖积极性,增加了农牧民经济收入,推动了设施农业的可持续发展,有效促

---

① 和圆圆,杨文凤.西藏察隅县农业与二、三产业融合发展研究[D].拉萨:西藏大学,2017.

进了特色种植业与旅游业深度融合。

察隅县有机茶叶种植基地 10 个,规模为 4 860.95 亩,项目建设包含土地平整工程、灌溉与排水工程、茶树种植、配套设备购置、附属设施完善。组织当地群众建设有机茶叶种植基地。在建设茶园的整个过程中,只有一小部分开支用于从县外购买茶苗、地膜、防草布、肥料等产品,绝大部分开支都用于支付本地群众的劳务费。茶叶种植除了给所属村带来丰厚的茶青收益外,也给察隅县带来巨大的旅游收益。察隅县茶产业发展路径除了单一的加工销售外还形成了向种植、加工、运输、旅游、餐饮服务等方面多元化发展的路径。茶农种出高品质的茶青,加工制作出绿色、生态、安全的茶叶,茶园提供采茶、制茶、品茶的体验和休闲旅游康养等服务,从上游的生产、中游的加工,再到下游的产业链延伸,相互交叉,相互渗透。

察隅县地处边境一线,地理位置特殊,人文自然别具风情。"僜家乐"是察隅县的特色,有独特的僜家手抓饭、僜家酒、僜舞、婚姻习俗等。僜人有自己的语言,但没有文字。新村僜人银饰制作技艺、僜人服饰先后被列为西藏自治区第二批和第三批非物质文化遗产。

察隅县新村注重特色,坚持发展一村一品牌,将精准扶贫产业发展与新村集体经济建设相结合,积极培育民族特色增收产业。新村以僜家乐为平台,大力发展僜人特色饮食手抓饭,带动农民群众增收致富。僜家乐于 2016 年 9 月开业运营,总建筑面积 317.9 平方米,建成标间、会客厅、歌房、厨房等设施。新村僜家乐充分发挥新村丰富的旅游资源优势,依托僜巴特色、饮食习惯广泛开展旅游观光和农家休闲接待活动,营造浓厚的乡村旅游氛围,促进了新村旅游业发展。同时把新村花卉、铁皮石斛、油茶、夫妻树等具有本地特色的产品及旅游项目推荐给游客,形成一条完整的经济产业链,既给村集体经济带来了收入,又给产业扶贫提供了有效销路,也让游客体验到乡野之趣、田园之乐及僜族的热情,打造出独特的新村僜人旅游品牌。据统计,新村僜家乐自 2016 开业以来,年均纯利润达 24 万余元,间接带动了新村养鸡、养猪等养殖业的发展,每年销售鸡、猪等牲畜 200 余只,直接为群众增收 2 万余元。同时,每年为新村集体带来 2.4 万余元收入。

6.1.2 猕猴桃产业发展概况

下察隅镇作为察隅县辖的一个重要乡镇，自然资源众多，特产丰富，全镇现有耕地总面积 10 764 亩（其中水田 7 383 亩，旱地 3 381 亩），农作物播种面积达 16 580 亩，可进行产业发展的荒坡荒地有 9 450 余亩，村集体土地有 1 062 亩。在长期的经济建设过程中，察隅县以农业为优势产业，林牧副渔多种经营，工交建商、文教卫生全面发展。察隅县按照"以发展为主题，以市场为导向，立足地区优势，抓住边境小康村建设的机遇，全力推进产业发展，重点推进茶叶、生猪养殖等特色农牧业发展，大幅度提高农牧民收入"的思路，进一步解放思想，因地制宜地深化农村体制改革和创新，加大农业与二、三产业融合发展的探索，推动农业产业发展方式转型；通过调整产业结构，加快畜牧业产业化进程，进一步优化农业内部结构，促进产业结构优化，从而应对农业产业化面临的机遇和挑战，实现农牧民增收，完成农业供给侧改革；发挥自身优势，有效利用资源，积极开拓市场，从而推动经济跨越式发展。

下察隅镇是一个经济欠发达的边境农业镇，人多地少，优质的土地资源极为短缺，农民人口文化素质较低，文化、科技和生活落后；农业基础脆弱，抵御自然灾害的能力弱，生产分散且规模小，劳动生产力相对较低，农民增收困难，增收渠道不宽，全面建设小康社会任重而道远。为此，察隅县委、县政府根据下察隅镇的区位条件和资源优势提出了"三化一业"（工业化、产业化、城市化、旅游业）的发展思路，并把"特色农产品产业化经营"作为农业发展的重大举措，希望以此推动地方农业产业结构调整，实现农业经济的跨越式发展，加快农民致富的步伐。2011 年以来，察隅县对猕猴桃进行引种试验示范，果品在察隅县适应性良好，深受消费者青睐。所以，在下察隅发展猕猴桃产业，是加快农业产业结构调整，促进农业增效、农民增收，推进县域经济发展的好项目。

下察隅镇属亚热带山地季风湿润气候，气候温和多雨，日照时间长，年均气温 12 摄氏度，冬暖夏凉，年平均无霜期达 280 天；全年分为干、雨两季，其中3—9月为雨季，其他月份为干季，全年降水主要集中在 4—6 月，年平均降水量为801.1 毫米；土壤主要为棕壤，有机质含量较高，肥力较好。综合气象条件、土壤质地和地理位置等指标来看，下察隅镇十分适合猕猴桃生长，是西藏公认的猕猴桃最佳优生区。察隅猕猴桃实名红阳、金果猕猴桃，属国内优新品种，是苍溪县与四川省自然资源科学研究院协作，1986 年从苍溪县中华猕猴桃实生群落中筛选,于1995年培育成功的一个猕猴桃新品种。它是国内外少见的珍稀品种,中国独有。1997年经四川省农作物品种审定委员会审定,它成为我国唯一通过审定的红果肉早熟品种。金果猕猴桃源于新西兰高端猕猴桃,目前处于猕猴桃之王行列,适宜种植于海拔500～1 800米、土层深厚肥沃的丘陵山地。2011年,察隅县农牧局、察隅县人民政府等单位从四川省自然资源科学研究院引入"红阳猕猴桃"品种,在察隅县夏尼村试种,收到了较好的试验效果。察隅县委、县政府高度重视发展猕猴桃产业,已建成猕猴桃基地184亩,共投入资金近200万元。种植了新西兰黄金果、红阳、东红这三个目前国内外最优良的猕猴桃品种。基地运转模式主要以土地流转、承包经营为主。2015年,第一批种苗投产,亩产750千克左右,丰产期亩产1 750千克左右。综合品质表现均优于国内同类品种。2016年初,正当"十三五"规划开局之年,县政府将该项目纳入"十三五"规划库,以基地为依托,已新建设1 250亩猕猴桃基地。截至2017年底,下察隅镇共有猕猴桃种植面积1 340亩,其中,基地面积为1 250亩,农户种植面积90亩(共16户)。经过近年来的发展,下察隅镇猕猴桃无论在品质还是在口感上都备受消费者推崇,进一步彰显出察隅县猕猴桃的特色和强大的市场竞争力。

6.1.3 猕猴桃产业融合发展模式

下察隅镇的亚热带山地季风湿润气候和土壤肥力条件非常适合猕猴桃生长。截至2017年4月,察隅县在农业部门登记的农业公司和农民专业合作经济组织有3个。猕猴桃基地已申请了"隅猕香"注册商标和国家地理标志,树立了高原猕猴桃品牌。

1) 龙头企业带动型

察隅县兴农猕猴桃有限公司于2016年成立,是察隅县猕猴桃农业产业化的龙头企业,是集"基地+农户+企业+市场"的农副产品生产、初深加工和销售为一体的有着完整产业链的企业。该公司2011年底开始将"红星果"猕猴桃种植作为夏尼村的集体经济项目,并成立察隅县下察隅镇天成猕猴桃种植专业合作社。下察隅镇猕猴桃种植基地种植面积达1 100亩,基地统一规划建设、连片种植,且连片种植面积不少于100亩。下察隅要求承包大户或企业必须在技术部门的指导下,严格按照有机果品的生产操作规程进行农事作业,做到专业化生产、专业化管理,提高基地建设的科技含量。随着"隅猕香"商标成功注册并获得商标注册证,该企业通过"公司＋合作社＋基地＋网络＋农牧民"等多元方式进一步加快猕猴桃种植基地发展,切实带动当地农牧民增收致富和农业增效,见图6-1。

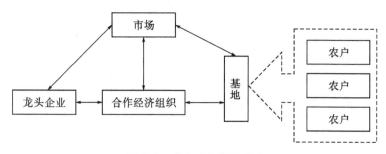

图6-1　龙头企业经营模式

2) 多功能拓展型融合

下察隅镇充分利用本地的猕猴桃产业资源,加快农业和旅游、服务以及文化创意等产业的融合,大力开发农业多种功能。从2014年起,下察隅镇每年在猕猴桃采摘期,举办集猕猴桃采集、观光为一体的旅游观光项目。下察隅镇把发展原生态旅游作为经济转型发展的一个重要途径,利用西藏高原特色旅游发展优势,不断加大猕猴桃园旅游推广。每到猕猴桃采摘季节,园区内生意火爆,各饭店、宾馆爆满,加油站营业额成倍增加,极大地带动了周围农牧民创业增收(如表6-1),对下察隅镇实现精准扶贫有巨大的推动作用。随着国民经济的腾飞,民众生活水平的提高和消费观念的转变,由"生产导向"向"消费市场导向"转变成为下察隅镇农业发展的必然选择,这也为下察隅镇农业多功能拓展型融合和发展提供了契机。

表6-1　下察隅镇猕猴桃产业建档立卡贫困户受益及增收统计表

村名	项目名称	受益人数/人	受益人均增收/元
京都村	京都村猕猴桃种植项目	83	5 103
夏尼村	夏尼村猕猴桃种植项目	51	1 579
宗古村	宗古村猕猴桃种植项目	22	1 352
布巴村	布巴村猕猴桃基地	227	1 609

(数据来源:察隅县政府)

6.1.4 农旅融合发展的经验和启示

1) 发挥农业资源比较优势,拓展农旅融合深度广度

推动乡村旅游产业向农业领域拓展延伸,促进乡村旅游产业与农牧业融合联动发展;大力发展特色乡村休闲旅游,实施一批休闲生态农业和乡村休闲旅游产业精品工程;引导更多农牧民、大学生等群体返乡参与乡村旅游、创意农业等深度活动;开展新型农牧区文化旅游产业示范单位创建宣传活动,建设一批具有少数民族特色的乡村农家乐、家庭旅馆、茶馆等新型农村集体经济组织,将发挥特色农业优势与乡村旅游融合发展,助力乡村振兴。

2) 采取"农业龙头企业+基地+乡村旅游"模式,延长产业链,提质增效

从猕猴桃产业的发展实际出发,发展农业龙头企业是延伸农产品深加工,提高产品的附加值,实现产业化、规模化、品牌化和第一产业转型升级,推进农业和第二产业、第三产业融合发展的有效途径。通过产业的融合,延长产业链,达到提质增效的目标。

3) 创新产业融合方式

发展猕猴桃产业的同时要加强农业与旅游、文化创意等第三产业的融合。如结合猕猴桃产业园区与阿丙村旅游服务中心,利用"赛马文化旅游节""罗马村桃花节"节庆旅游和民俗文化资源"僜人农家乐"等,开发多元化的农旅融合乡村旅游产品,如休闲和放松旅游类、运动和健身休闲类、演艺和表演休闲类、文化艺术体验休闲类、康体和疗养休闲类、产业旅游融合发展类等民族旅游综合体验休闲项目,着力打造具有民族特色的旅游综合消费休闲产品;打造旅游服务综合平台,举办特色传统节庆旅游活动和新鲜果蔬采摘、赏花尝果、僜人村落民俗文化体验、度假休闲娱乐、农业科普、采风观光摄影、文创设计等系列体验性旅游活动;以深厚的历史文化旅游内涵深入发展文化旅游,用文化旅游的传播方式深入传播旅游文化,促进旅游文化与区域旅游产业深度融合,形成产业集群效应,提高察隅乡村旅游品牌知名度,将特色资源优势转化为经济优势,以此实现农牧民群众的共同富裕。

6.2 文旅融合典型案例——"民俗文化＋乡村旅游"模式

6.2.1 西嘎门巴村"门巴文化＋乡村旅游"融合发展模式

西嘎门巴村所处地理位置基本是雅鲁藏布江河谷地带，距林芝米林机场20余公里，地理位置十分优越，具有得天独厚的生态旅游资源，乡村文化旅游、生态农业综合发展良好，旅游产业收入和农村游客接待量逐年快速攀升。2003年前，西嘎门巴村47户村民生活在位于墨脱县雅鲁藏布大峡谷大拐弯地带的甘登乡，由于大山阻断，交通不便，村民基本没有收入，属于典型的贫困村。2003年以后实施异地搬迁，这个村搬迁到米林县。西嘎门巴村充分依托当地独特地理位置和生态环境优势，借助林芝国家全域生态旅游体系建设战略的东风，大力发展特色现代农业和特色乡村生态旅游重点项目。从最初创办个体工商户发展到创办农牧民专业合作社，再到近年来创新性发展"党支部＋农户＋企业"模式，整合村集体资源，以土地、技术、劳务、村集体经济等全民参与入股的形式，引进林芝银丰农牧科技有限公司、尼洋河旅游公司等企业投资3.2亿元，争取政府配套资金387万元，建成智慧生态农场、文化广场、民俗家庭展示、民族工艺品生产基地，发展生态旅游，壮大农村集体经济，带领当地农民发家致富。2018年，国务院总理李克强到西嘎门巴村考察。

西嘎门巴村发展乡村旅游产业，带动全村70户318名农牧民群众年均增收400余万元，发展多元化产业利益联结机制（如图6-2），促进农牧民增收致富和现代农业与乡村旅游产业兴旺发展。

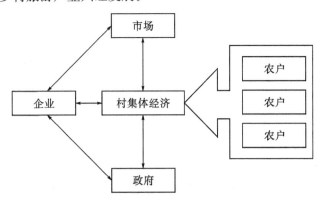

图6-2 西嘎门巴村乡村旅游利益联结机制

6.2.2　西嘎门巴村文旅融合发展模式经验借鉴与启示

1）以乡村生态文化为核心，做好乡村发展产业规划设计

利用当地地理优势、门巴族特色文化资源、乡村景观特色和乡村产业发展目标，发挥村集体组织导向性优势，制定集农村土地开发利用、生态环境、乡村旅游产业融合发展、基础配套设施等功能为一体，生活、生产、生态环境空间资源分布体系科学，覆盖全面的休闲乡村旅游融合发展总体规划，重点研究实施大型乡村休闲农业和特色乡村文化旅游两个精品工程，建设一批具有独特历史、地域、藏族和区域文化特色的大型休闲乡村观光产业园区、乡村休闲民宿、少数民族传统工艺精品基地。强化乡村规划的约束性、前瞻性，明确乡村规模和功能，分区分类制定特色风貌管控要求，严格控制新建房屋体量和建筑风貌。积极探索发展"门巴民俗文化＋乡村旅游＋村集体经济"新服务业态、新模式、新服务载体，推进农牧业与观光旅游、文化、健康医疗养生等产业链的深度对接融合。

2）加强政策激励，实现投资多元化

发挥政府投资的导向作用、农村集体投资的引信作用、社会投资和信贷投入的主体作用，实现投资主体多元化、全民化。积极指导制定和完善利益分配机制，确保投资效益的稳定发挥。

3）建立乡村产业融合发展机制，促进产业链条的延伸

西嘎门巴村依托文化、生态资源优势，以发展现代农业为突破口，有效促进乡村产业融合升级，不断提高乡村特色农产品的附加值，促进农村产业发展链条的不断延伸，推进农村特色文化产业融合发展，实现农村特色经济发展带动农民就业增收，以此作为加快发展乡村特色文化旅游业和壮大发展农村集体经济的一种有效途径。

6.3　农文旅融合典型案例——桃花节庆旅游发展模式

6.3.1　嘎拉桃花村节庆旅游发展模式

嘎拉村位于林芝市巴宜区八一镇，毗邻最美景观大道318国道和尼洋风光带，距离林芝市政府所在地11公里，享有"林芝桃花第一村"和"中国最美春天寻访地"的美称。春日的林芝满山遍野的野桃花与雪山交相辉映，景色宜人，吸引国内外游客前来踏青赏花。2017年以来，嘎拉村党支部始终将发展乡村生态旅

游作为重要工作抓手,深入贯彻落实"绿水青山就是金山银山"的旅游产业发展指导理念,围绕国家全域文化旅游产业发展战略大局,立足自然资源优势,结合区位位置优势,在统一规划的指导下,全村81户347名农牧民群众均通过土地流转、劳务输出、出资入股等方式参与到观光旅游、田园采摘等多元化的乡村旅游活动中来,参与到一年一度的"林芝市桃花旅游节"旅游活动中来,真正基本实现了"共同经营、共担风险、共享利益"。2018年以来嘎拉村年集体经济均增收800余万元,群众的幸福指数逐年攀升。

6.3.2 经验借鉴和启示

一是要树立可持续发展导向,倡导全民共享、全民参与的理念。乡村旅游的发展与农牧民利益紧密相连,发展成果全民共享是发展乡村旅游的核心。把桃花节庆旅游、乡村景观资源作为吸引物,开拓乡村旅游市场,充分调动农牧民群众参与乡村发展的积极性,因地制宜,实现人与自然和谐相处,提升乡村旅游资源的价值,促进农牧民收入增加,建立"共建共享共发展"机制。

二是要强化示范引领和协同推进。发展乡村节庆旅游、壮大村集体经济是推进乡村治理能力建设的重要内容,也是本案例的重要启示。只有借助基层各级党组织示范引领和政策引导,将乡村产业经济融入乡村振兴战略大局中去谋划协同推进,在组织规划、培训、制度建设完善等方面建立对接服务机制,才能更好地促进乡村旅游经济健康良性发展。

三是实施农文旅产业融合发展路径。乡村文化资源、自然景观和农业景观是乡村产业发展的生命力。依托乡村特有的生态旅游资源,大力培养培训乡村产业发展人才,实施"农业+乡村文化+乡村旅游"的多元化、多元素融合的乡村产业发展道路,走有核心竞争力的农文旅融合带动发展的新路径。

7 西藏世界旅游目的地竞争力时空演变

7.1 西藏世界旅游目的地发展战略和建设背景

7.1.1 战略背景

把西藏建设成重要的世界旅游目的地成为国家战略。2010年国家提出把西藏建设成重要的世界旅游目的地。在庆祝西藏和平解放60周年大会上，习近平进一步提出西藏继续建设世界旅游目的地的指示要求，并提出关于"治国必治边、治边先稳藏"的重要指示精神，尤其提出应努力建设美丽中国，建设富裕、和谐、幸福、法治、文明、美丽的社会主义新西藏，早日实现"中国梦"，实现中华民族伟大复兴；对西藏发展提出了新要求，西藏工作进入新阶段。

素有"世界屋脊"和"地球第三极"之称的西藏，拥有独特的文化资源和自然生态资源以及处在青藏高原的特殊地理位置，西藏旅游品牌在全世界范围都具有很高的知名度。西藏拥有各种堪称世界一流的旅游资源，如最高的珠穆朗玛峰、世界最深的雅鲁藏布大峡谷、世界第二大的羌塘自然保护区、世界人类文化遗产布达拉宫等等，这些独特的资源在全世界都具有标志性和象征意义，使西藏日益成为世界性的旅游目的地和全世界旅游爱好者最向往的热土。

首先，从国家旅游发展战略层面来看。独特的西藏旅游资源，逐步成为西藏经济发展的支柱，也是我国建设世界旅游强国的重要支撑。基于此，党的十七届六中全会、西部大开发工作会议、第五次西藏工作座谈会，都提出将西藏建设成重要的世界旅游目的地。胡锦涛在庆祝中国共产党成立90周年大会上的重要讲话和关于西藏工作的一系列重要指示精神，以及习近平出席西藏和平解放60周年庆祝活动时的一系列重要讲话精神，先后提出逐步把西藏建设成为生态环境优良、文化魅力独特、社会文明和谐的重要的世界旅游目的地和我国建设世界旅游强国的重要支撑基地，实现品牌国际化、市场国际化、产品国际化、服务国际化,达到协调发展、竞争有力、游客满意、人民安康,到2020年基本实现建成重要的世界旅游目的地的目标。

其次,从国际区域战略格局来看。西藏地理位置特殊,处于我国的西南边陲,外与印度、不丹、缅甸、尼泊尔等国家和地区接壤,内与青海、四川、云南、新疆相邻,在沿边开发开放中居于重要地位。在"一带一路"开创的"欧亚区域经济一体化新格局"中,西藏是连接南亚、中亚等国的纽带,也是南亚各地文化交融的集中地区。西藏参与"一带一路"将有力地促进孟中印缅经济走廊和环喜马拉雅经济带的建设。在此过程中,西藏将发挥前沿、通道、基地的重要枢纽作用。这为西藏建设世界旅游目的地提供了难得一遇的时机。

再次,从生态安全的角度来看。西藏作为青藏高原的主体部分,是世界上山地冰川最发育的地区,被誉为"亚洲水塔",有"气候调节器""地球之肺"之美誉,是我国许多大江大河的发源地,具有重要的生态屏障作用和重要的区域生态安全作用。随着地壳运动和全球气候变化,在不合理的人类活动干预下西藏出现了生态环境退化的现象[1]。如西藏的冰川面积逐步缩小,冰川雪线上升,境内湖泊萎缩,土地沙化非常严重,生物多样性也受到严重挑战[2]。众所周知,传统旅游容易造成一系列的社会和环境等问题,传统的旅游发展模式不适合西藏,只有发展共享型旅游经济和具有责任性的参与性旅游,才能实现西藏旅游产业可持续发展[3]。因此,西藏的旅游发展要逐步改变传统的发展方式与理念,实现从传统旅游向生态旅游的转化,才能有效化解这些问题,这也是实现西藏旅游业可持续发展的战略选择。

最后,从西藏旅游业发展来看。2019年是西藏旅游业发展的第40个年头,旅游业对全区经济发展贡献率达33%,全年全区累计接待海内外游客4 012.15万人次,同比增长19.1%,实现旅游总收入559.28亿元人民币,同比增长14.1%[4]。随着川藏铁路开工建设,西藏已经实现了公路、铁路、航空为主体的综合立体交通。公路总里程达到了10万公里,航空已经建成机场5座,开通了国

---

[1] 姬梅.西藏旅游可持续发展的生态选择[J].西藏民族学院学报(哲学社会科学版),2012,33(5):51-57+138.
[2] 王娜.对构建西藏生态安全屏障的几点思考[J].西藏发展论坛,2011(3):43-46.
[3] 罗华.西藏生态旅游发展模式与战略研究[J].西藏大学学报(社会科学版),2012,27(3):33-38.
[4] 张伟.2019年西藏旅游业对全区经济社会发展贡献率达33%[EB/OL].[2020-05-15].http://www.tibet.cn/cn/travel/202005/t20200515_6779086.html.

际国内96条航线,通航城市达到50个以上。节庆旅游已成为西藏旅游业发展的助推器,如林芝桃花节、雅砻文化节、珠峰文化节和西藏旅游文化博览会等。西藏旅游还推出"圣地拉萨·畅享幸福""神奇珠峰·魅力日喀则""诵读情诗·寻梦雅砻""醉美林芝·自驾墨脱""天上西藏·梦幻阿里"等特色旅游线路。围绕着西藏是重要的世界旅游目的地这一重大战略定位和部署,西藏积极展开旅游文化产业升级。雅鲁藏布大峡谷景区、大昭寺晋升5A级景区,札达土林-古格成为国家级风景名胜区,实景剧《文成公主》实现常态化商业演出,文化与旅游在西藏结合得越来越紧密。

从以上各方面可以看出,西藏旅游的基础条件在不断完善中,为西藏建设成世界旅游目的地提供了保障。

7.1.2 建设背景

国家层面先后提出逐步把西藏建设成为生态环境优良、文化魅力独特、社会文明和谐的重要的世界旅游目的地,实现品牌国际化、市场国际化、产品国际化、服务国际化,达到协调发展、竞争有力、游客满意、人民安康。对于世界旅游目的地的建设,王汝辉根据世界优秀目的地研究中心的评价指标体系,提出11个评判标准,包括:国际知名度、全球独一无二的吸引物、丰富的游客体验活动、高水准的旅游设施、周密细致的安全保障、便捷的可进入性、极高的游客满意度、科学的旅游营销与管理、有效的资源环境保护措施、合作发展旅游业的潜力、居民获益以及满意和参与度。结合王汝辉提出的标准,可从国际知名度和吸引物、游客体验、旅游设施等方面来认识西藏建设世界旅游目的地的背景。

第一,国际知名度和吸引物。由于拥有藏传佛教这一独特的宗教资源以及青藏高原的特殊地理位置,西藏旅游品牌在全世界范围的知名度很高。西藏丰富和独特的人文地理景观,赋予西藏得天独厚的旅游发展优势。这块神奇的土地上,有堪称世界一流的旅游资源,如珠穆朗玛峰、雅鲁藏布大峡谷、世界第二大的羌塘自然保护区、世界人类文化遗产布达拉宫、大昭寺、拉萨雪顿节和那曲羌塘赛马节的民俗风情等等。西藏还是世界高海拔地区生物多样性最为丰富的区域,是世界山地生物物种最主要的分化和形成中心,是濒危动物栖息地和生物的种质资源库和基因库。这些特色资源在全世界都具有标志性和象征意义,使西藏旅游品牌在全世界范围享有很高的知名度。西藏以具有垄断性的自然景观和独特藏民族特色的人文景观吸引八方来客①。

第二,旅游产品体验。大力发展拉萨市文化体验游、山南市藏文化探源游、日喀则市中尼印文化交流游、昌都市民族艺术探赏游等特色文化体验产品。20 世纪 80 年代以来,西藏陆续恢复了 40 余个宗教节日②。在民俗节庆活动中融入了地方特色的民俗活动、商贸活动的内容,提升了旅游者的体验感。由于民俗节庆活动具有可参与性、体验性强等特点,近年来随着民俗文化旅游的融合发展,节庆活动与民俗活动结合在一起,得到了各界人士的广泛关注。在众多民俗节庆中,拉萨雪顿节是西藏所有节日中最为隆重、规模最大、内容最丰富的节日。雪顿节的展佛、藏戏、过林卡等活动吸引众多游客慕名而来。已开发的旅游产品如过林卡休闲度假游和特种专项旅游如登山、探险、徒步、科教,虽然体量小,但是体验感强。以珠峰大本营、希夏邦马峰为基础的高山旅游产品,在藏北无人区、阿里无人区开发的徒步探险游受到探险者的青睐③。

第三,旅游设施和旅游服务。2018 年全区累计接待游客 3 368.72 万人次,同比增长 31.5%,实现旅游收入 490.14 亿元,同比增长 29.2%。截至 2018 年底,全区星级饭店(宾馆)增加到 37 136 家。景区景点 300 多处,拉萨共有国家级风景名胜区 4 处,国家历史文化名城 3 座,国家 5A 级景区 4 处,国家 A 级景区 115 处。全区各类旅游企业达 2 760 家,拥有星级饭店(宾馆)243 家、旅行社 311 家,全行业固定资产近 200 亿元。借助雪顿节、藏博会、国际旅游交易会等活动,集中开展"冬游西藏"等旅游产品的宣传推广。旅游文化产业实现增加值 177.4 亿元,增长 13.3%④⑤。

第四,可进入性状况。随着川藏铁路的开工建设,西藏已经实现了公路、铁路、航空为主体的综合立体交通。加快旅游环线的建设,打造区内 4 小时旅游经济圈"拉萨—日喀则—山南—那曲—林芝",以此辐射带动旅游环线公路建设,不断优化城市公共交通与城市周边景区交通通道。

---

① 西藏旅游概况[EB/OL].[2009-02-17].http://www.tibetcn.com/xizang/475.html.
② 余正军,田祥利,朱普选.西藏宗教旅游开发现状与对策[J].资源开发与市场,2016,32(3):369-373.
③ 王汝辉.西藏建设世界级旅游目的地差距诊断及战略选择研究:基于SMED评估体系视角[J].中国藏学,2013,(3):35-40.
④ 多吉次珠.努力将旅游业发展成为富民产业[N].经济日报,2018-09-10(16).
⑤ 西藏自治区 2018 年国民经济和社会发展计划执行情况与 2019 年国民经济和社会发展计划草案报告[N].西藏日报(汉),2019-01-28.

第五，旅游营销与管理。加强旅游营销手段的系统性和宣传促销的高效性，采取区内外结合的营销策略，每年邀请国内外旅行商、媒体记者赴西藏踩线，开展实地宣传推介活动，定期定址举办西藏旅游发展论坛、旅游研讨会，邀请国内外著名旅游专家和业内知名人士讲座授课，为西藏旅游健康发展出谋划策，同时结合西藏的特色旅游节庆活动，搭建宣传推介西藏旅游的会展平台。加快国内旅行社与尼泊尔、印度及欧美主要旅游客源国的知名旅行社组建合资旅行社的节奏，稳步开发周边国家的市场，积极探索日喀则国际旅游合作区政策创新，加快口岸旅游基础设施建设，优化出入境旅游手续和旅游环境；重点拓展欧美、东南亚客源市场，加强西藏旅游推介宣传活动，加强企业开发旅游产品促销宣传活动，有针对性的拓宽西藏旅游产品营销渠道；积极培育南亚、大洋洲以及俄罗斯等市场，推出精品旅游线路。配合国家外交战略，务实推进与尼泊尔、印度等南亚国家在旅游领域的国际交流与合作，有序发展樟木、吉隆等边境旅游，探索建设"珠穆朗玛国际公园""中尼国际旅游合作区"的跨国旅游合作机制，在旅游基础设施建设、旅游市场合作、国际救援等方面取得突破。

第六，安全保障。健全安全、规范的旅游市场环境。重点打击"黑车、黑导、黑社、黑店""零负团费"等违规违法旅游经营活动以及欺诈行为。强化旅游投诉处理和援助机制，重点建设面向散客的投诉体系，更加有效地维护游客合法权益。积极推动西藏旅游安全保障法治、体制和机制建设，加强旅游安全风险防范，建立旅游安全预警制度、旅游应急事件制度、旅游突发事件制度，推进旅游生态安全标准化建设，积极教育引导旅游企业和游客规避和防范各类旅游安全风险，加强旅游、公安、卫生、交通、林业等相关部门的沟通与合作，强化多部门、跨区域和境内外合作的旅游突发事件应急处置，稳妥建立"政府＋专业＋商业救援"相结合的旅游安全应急救援系统，设立与各地区急救中心联动的旅游救援机制，形成公路、直升机、高山全方位立体救援网络。

第七，旅游人才。截至2018年，全区旅游经济直接和间接就业总人数近40万人。全区各类文化企业近5000家，从业人员近3.2万人，文化产业年产值近40亿元。针对西藏现有旅游人才导游专业知识严重缺乏、素质低下，旅游从业人员的知识结构水平和劳动技能等方面远远不能满足游客需求的问题，西藏自治区政府通过建立岗前培训、岗中培训和脱岗培训相结合的培训体系，整体提升旅游从业人员素养，提高从业人员的服务水准。通过对援藏旅游人才和西藏本地旅游人才的协调管理,重点营造良好的学习型行业环境,推进西藏本地旅游人才学习先进的发展观念和业务技能,逐渐增强自我发展能力。

7.2 西藏旅游目的地发展成就

西藏是青藏高原的主体部分,平均海拔4 000米以上,自然环境复杂,生态环境脆弱,旅游开发不合理会给生态环境带来负面的影响,且恢复难度很大。基于生态环境保护的需要,发展生态旅游是西藏旅游业发展的必然选择。同时,旅游业作为西藏经济发展的支柱战略性产业,也逐步实现从旅游资源优势、开发旅游产品优势向旅游经济的转变。旅游业逐步成为富民强区的主导产业和推动全区经济跨越式发展的战略支撑产业,推动西藏建设成为世界级的高原山地旅游目的地、藏民族生态文化旅游目的地。

在旅游业的发展过程中,优先选取西藏最具代表性和国际影响力的重要旅游资源,借鉴国际先进经验,以建设国家公园的发展模式,全力、科学建设国家公园,如珠穆朗玛国家公园、雅鲁藏布大峡谷国家公园等。在投资安排方面,以国家和自治区财政投入、旅游发展基金投入为基础,以西藏国际旅游集团、西藏旅游股份有限公司为投融资主体,有效利用金融工具,实现大项目的大投入、大保护,使其成为具有普遍示范和带动效应的世界级重点景区,推动西藏旅游业实现跨越式发展。

具体而言,西藏旅游的发展成就可以从以下方面来看:

7.2.1 开发旅游区生态旅游产品

独特的高原气候和自然地理环境条件,造就了西藏自治区丰富多样的生态系统,如高寒湖泊、高山湿地、高寒干旱草原、高寒干旱荒漠以及地处北半球纬度最高的热带雨林、季雨林等独特的生态系统。根据生态系统类型和地域分异规律,西藏已经开发的旅游产品包括:高山探险旅游、峡谷生态旅游、森林生态旅游、高原湖泊旅游、温泉度假旅游、藏文化民俗旅游等[1]。杨文凤据西藏生态功

---

[1] 姬梅.西藏旅游可持续发展的生态选择[J].西藏民族学院学报(哲学社会科学版),2012(5):51-57+138.

能区划和主体功能区划的方案,对现有的生态旅游目的地进行划分,将西藏生态旅游目的地划分为3个生态旅游大区,即藏东南生态旅游大区、藏西北生态旅游大区、藏中南生态旅游大区;7个生态旅游区,即怒江源高原亚寒带半湿润高寒草甸生态旅游区、拉萨河流域文化生态旅游区、羌塘高原亚寒带半干旱草原生态区、阿里高原温带干旱荒漠生态区、藏东南山地热带雨林和季雨林生态旅游区、藏东高山深谷温带半湿润常绿阔叶林—暗针叶林生态旅游区、藏南山原宽谷温带半干旱灌丛草甸生态旅游区等,以及21个生态旅游地,若干生态旅游景区。这都充分体现了西藏旅游产品不断向生态化发展[①]。

7.2.2 旅游产品结构不断优化,产品品质不断提升

西藏自治区旅游业围绕构建"2456——两心、四廊道、五区、六环线"的旅游发展总体格局,形成了以高原旅游为主题的品牌产品,包括珠穆朗玛峰、雅鲁藏布大峡谷、纳木措、神山圣湖、藏北草原、林芝森林生态旅游等产品;以自然保护区、森林公园、湿地公园等为依托,开发森林生态专项旅游产品。优化大众森林生态观光产品结构,围绕各景区产品的生态特色,按照国际一流水平实施科学建设、规范管理,重点提升了珠峰景区、雅鲁藏布大峡谷景区、巴松措景区、然乌湖景区等产品品质。具有地域特色的旅游节庆活动,如三月林芝桃花节、山南雅砻文化节、日喀则珠峰文化节和西藏旅游文化博览会,已成为西藏旅游文旅融合发展平台。旅游线路开发主要以拉萨为中心,精心打造东西南北4条精品旅游环线和7地市的7大特色旅游线路,如"圣地拉萨·畅享幸福""神奇珠峰·魅力日喀则""诵读情诗·寻梦雅砻""醉美林芝·自驾墨脱""天上西藏·梦幻阿里"等,让游客体验雪域风光和藏文化魅力。

7.2.3 旅游产业发展规模不断扩大

目前,西藏有300多处景点可供游客游览,以拉萨、林芝为中心,辐射西藏全区的旅游开发格局已经形成。截至2018年,西藏景区116个,5A级景区4个、4A级12个、3A级54个、2A级32个、A级14个。2020年新增雅鲁藏布大峡

---

① 杨文凤,段晶,宋连久,等.基于主体功能区的西藏生态旅游区划[J].中国农业资源与区划,2016(6):106-114.

谷5A级景区。中国优秀旅游城市拉萨和历史文化名城日喀则、江孜等旅游资源，开发了雪顿节、雅砻文化节、羌塘赛马节、珠峰旅游文化节和林芝桃花节等一批有地方特色和民族风情的旅游产品。西藏围绕特色文化和自然生态两条主线开发旅游资源，全力打造围绕拉萨、林芝、日喀则、江孜和当雄等地的四条旅游环线，以及唐蕃古道和茶马古道两大旅游走廊[①]。

7.2.4 旅游经济效益明显提升

西藏旅游产业已成为促进经济发展的主导产业，成为农牧民群众就业和增收的重要渠道。从2006—2018年西藏旅游人次和旅游收入的发展情况可以看出，西藏旅游业呈现快速发展态势，在地区生产总值中所占比重不断提升，这说明旅游业对地区生产总值的发展具有重要贡献。2018年西藏自治区累计接待游客3 368.72万人次，同比增长31.5%，实现旅游收入490.14亿元，提前2年完成自治区旅游业"十三五"发展规划目标。"旅游产业+"的融合模式不断深入，旅游业已经成为强区富民的民生产业。

表7-1 2006—2018年西藏旅游人次和旅游收入

年份	接待旅游者人数/人次	国内游客/人次	旅游收入/万元	国内旅游收入/万元
2006	2 512 103	2 357 285	277 072	228 929
2007	4 029 438	3 664 068	485 160	383 152
2008	2 246 447	2 178 450	225 865	204 237
2009	5 610 630	5 435 720	559 870	506 088
2010	6 851 390	6 623 069	714 401	644 001
2011	8 697 605	8 426 820	970 568	886 341
2012	10 583 869	10 388 936	1 264 788	1 198 017
2013	12 910 568	12 687 370	1 651 813	1 572 633
2014	15 531 413	15 287 012	2 039 989	1 949 992

---

① 胡星.西藏有300多处景点可供游览[EB/OL].[2008-04-29].http://www.news.sina.com.cn/c/2008-04-29/103613810198s.shtml.

(续表)

年份	接待旅游者人数/人次	国内游客/人次	旅游收入/万元	国内旅游收入/万元
2015	20 175 305	19 882 695	2 819 203	2 710 610
2016	23 159 418	2 283 516	3 307 512	3 188 022
2017	25 614 300	25 270 800	3 793 700	3 662 500
2018	33 687 256	33 211 069	4 901 421	4 737 396

7.3 西藏旅游目的地面临的安全危机

旅游业的综合性、依赖性、季节性和异地性等产业特征,决定了旅游业的高度敏感性[①]。从系统论的角度来看,旅游业是由多要素组成的复杂系统,系统内外、前后向和上下游关联复杂,相互间联系的广度和深度依赖性导致了脆弱性。如果受到危机,会影响产业以及相关联的社会经济活动,造成游客人身或财产伤害等等。因此,当发生政治、经济、文化、社会、自然等突发危机事件时,旅游业是整个国民经济系统中最易受到冲击的行业,旅游业成了经济和社会变化的预警器。

旅游目的地作为旅游产品的空间承载体,其形象在游客作出游决策时起着重要作用。旅游目的地的危机事件对旅游目的地形象造成负面影响,会影响游客对旅游目的地的选择,因此为提升旅游目的地的竞争力,根据危机发展过程的特征进行旅游业危机管理已经是一项迫在眉睫的任务。

西藏地处高原,特殊的地理环境和文化背景赋予了西藏独特的自然和人文景观,这成为西藏重要的旅游资源,也正是因为这一特殊的自然和人文环境使得西藏在发展旅游的过程中,面临着各种危机。西藏旅游业发展面临的危机不同于一般旅游景区,有其特殊性,比如频发的自然灾害、高原疾病等旅游危机,以及西藏脆弱的生态环境可能引发的生态危机。

[①] 薛澜,张强,钟开斌.危机管理:转型期中国面临的挑战[M].北京:清华大学出版社,2003.

7.3.1 旅游安全危机

首先,自然灾害频发。整个西藏的地质地貌、水文气候等自然环境条件十分复杂和特殊,这一方面造就了西藏独特的自然景观,提供了丰富的旅游资源;另一方面也导致了西藏的自然灾害多、分布广、活动频繁。其中自然灾害主要包括:气象灾害,如暴雨洪涝、雪灾、连阴雨、风灾、雹灾等等;地质灾害,如泥石流、山体滑坡、雪崩;地震灾害。比如,川藏公路穿越的众多高山峡谷含亚热带季风气候、亚寒带季风气候以及高原大陆性气候带,自然景观丰富多彩,是国内外诸多游客挑战自我的精品旅游线路。但是,沿线的泥石流、山体滑坡等自然灾害频发,属于高风险区。其中,排龙天险属于川藏线上最险峻的一段路,以险峻闻名于世。由于山体疏松、脆弱,一遇风雨或冰雪融化,极易发生泥石流和塌方,导致交通中断;即使是旱季,也会由于大车的碾压,道路车辙严重、落石遍布,小轿车通过时经常会擦底。这些构成了西藏旅游业发展的重要限制因素[①]。

其次,道路交通条件差。由于自然地理条件特殊,滑坡、泥石流、水毁、冰雪害、沙害、崩塌、翻浆等灾害极为频繁,"晴天一身土,雨天一身泥,晴通雨阻,雪天几乎断"是常见的事情,全区五条主干道除青藏公路外,其余四条均难以发挥干线公路的作用。同时,大部分道路都沿高山峡谷而建,地形复杂,道路起伏弯曲大,是交通事故发生的主要诱因之一[②]。2014年在西藏尼木县和工布江达县相继发生"8·9"和"8·18"特大交通事故,"8·9"西藏尼木县特大交通事故造成3辆车连环相撞,导致44人死亡,11人受伤。自然条件限制导致道路交通条件落后,进而产生旅游安全问题,这些问题都只能在不断改善的交通条件中得以解决。

再次,高原疾病问题。西藏是青藏高原的主体部分,平均海拔4 000米以上。随着海拔的上升和含氧量的减少,人体肺内气体的氧分压也随之降低,血液中的血红蛋白就不能饱和,进而出现血氧过少现象,使人感到不适,引起各种急、慢性高原病甚至危及生命。由于缺氧出现各种高原疾病是大多数旅游者所担心的问题,这也成为旅游业发展的重要限制性因素之一。

最后,意外事件。除了以上自然灾害、高原疾病等危机之外,还存在一些人

---

① 石飞,刘峰贵,李春花,等.川藏公路沿线旅游安全风险分析[J].地域研究与开发,2014(4):115-120.
② 潘基斌.西藏公路发展规划研究[D].成都:西南交通大学,2007.

为的故意或非故意行为造成的意外事件。

7.3.2 公共安全事件危机

2002年末至2003年初,一场突如其来的危机事件——SARS(严重急性呼吸道综合征,简称"非典"),给旅游业造成了巨大的损失,国内旅游收入减少2 073亿元,国际旅游外汇收入减少87.94亿美元,旅游就业损失208.7万,旅游住宿业收入损失770亿元,旅游景区(景点)经营损失92.4亿元,旅行社经营损失420亿元[1],旅游车船公司损失84亿元。SARS使我国出境、入境和国内旅游全面受挫。世界卫生组织也将我国部分地区列入疫区,发出旅游警告[2]。

新冠肺炎疫情是中华人民共和国成立以来,我国发生的传播速度最快、感染范围最广、防控难度最大的一次重大突发公共卫生事件[3]。作为以人的移动性和聚集性为特征的旅游业,在此次疫情中受到强烈冲击。一方面,旅游业必须把疫情防控作为首要工作,采取严格措施,内防扩散、外防输出;另一方面,旅游业要在科学评估疫情影响的前提下,采取有效措施消除短期的负面影响,并推动旅游业新一轮改革,从而实现高质量发展的长远目标。

为准确评估此次疫情对旅游业的影响,根据"反事实""有限外推"和"相机修正"等原则,尝试采用弹性分析法和回归分析法进行分析。结果显示,在三种情境下,此次疫情将导致2020年全年全国旅游总人次同比减少23.12%、29.29%和34.97%,全年旅游总收入同比减少26.27%、33.40%和39.83%。若考虑不发生疫情情况下2020年的自然增长率(即"反事实"预测),则三种情境下,此次疫情导致2020年全年全国旅游总人次损失29.80%、35.44%和40.62%,全年旅游总收入损失33.19%、39.65%和45.48%。其中新冠肺炎疫情造成2020年第一季度全国旅游总人次和旅游总收入的潜在下降比例分别为76.49%和79.77%[4]。

---

[1] 唐小亚.目的地旅游业后危机管理研究[D].兰州:西北师范大学,2009.
[2] 邹统钎.旅游目的地管理[M].北京:高等教育出版社,2011.
[3] 习近平.在统筹推进新冠肺炎疫情防控和经济社会发展工作部署会议上的讲话[EB/OL].[2020-02-23].http://www.xinhuanet.com/politics/2020-02/23/c_1125616016.htm.
[4] 冯珺,宋瑞.新冠肺炎疫情对我国旅游业的影响:评估与建议[J].财经智库,2020,5(2):32-50.

综合考虑此次疫情的复杂性、世界性,以及我国旅游业的规模、体量,在GDP、就业和居民消费中的占比,国际化程度等因素,可初步判断,这应是改革开放以来我国旅游业遭受影响最大、范围最广、程度最深的一次冲击,其影响远超2003年"非典"(见表7-2)。

表7-2 2003年"非典"与2020年新冠肺炎影响对比

类别			2003年	2020年		
				情景1	情景2	情景3
旅游总人次	数量/亿人次	上年度	9.76	62.03		
		本年度	9.62	59.25	48.02	39.41
		反事实	10.00	66.37		
		本年度与反事实的差值	−0.38	−7.12	−18.35	−26.96
	比例/%	差值相当于上年度的比例	−3.89	−11.48	−29.58	−43.46
		差值相当于本年度的比例	−3.95	−12.02	−38.21	−68.41
		差值相当于反事实的比例	−3.80	−10.73	−27.65	−40.62
旅游总收入	数量/亿元	上年度	5 566	65 200		
		本年度	4 882	65 317.36	51 259.39	46 128.83
		反事实	6 000	71 300.00		
		本年度与反事实的差值	−1 118	−5 982.64	−20 040.61	−25 171.17
	比例/%	差值相当于上年度的比例	−20.09	−9.18	−30.74	−38.61
		差值相当于本年度的比例	−22.90	−9.16	−39.10	−54.57
		差值相当于反事实的比例	−18.63	−8.39	−28.11	−35.30

来源:根据《中国旅游统计年鉴》与《新型冠状病毒疫情对我国旅游业的影响:评估与建议》一文整理而成。

7.3.3 生态安全危机

首先是资源环境承载力问题。西藏是"世界第三极",地质年代年轻,生态系统具有极强的脆弱性,生态恢复能力弱。生态环境以及国家战略层面上的生态安全屏障建设的刚性要求,凸显出旅游发展与旅游资源开发与保护之间的矛盾,西藏旅游产业发展面临着极其严酷的资源环境承载力问题,而且大部分景点都存在不同程度的污染问题。如纳木措、巴松措景区垃圾回收设施短缺,珠峰大本营景区每年新增的垃圾最多时达67吨。游客们对虫草、藏药、濒危野生动植物制品和纪念品的消费需求,增加了生物多样性保护的难度。旅游开发带来的人为的垃圾打破了原有的生态系统,也使旅游生态平衡状态面临挑战,直接影响到旅游业的可持续发展。

其次是生态安全问题。西藏作为青藏高原的主体部分,是世界上山地冰川最发达的地区,被誉为"亚洲冰塔",是我国以及东南亚地区许多大江大河的发源地及生态屏障,是我国以及世界的"气候调节器",有"地球之肺"之誉。其生态环境地位和生态功能作用显著,对维护区域生态安全具有非常重要的意义。但是,随着高原的抬升和全球气候变暖,在不合理的人类活动干预下西藏出现一系列的生态环境退化问题,冰川面积逐步缩小,冰川雪线上升,境内湖泊萎缩、土地沙化非常严重,生物多样性也受到严重挑战。1961—2007年,西藏地区年平均气温每10年以0.32℃的速率上升,明显高于全国和全球的增温率。在藏北、藏西北干旱、半干旱区,气温升高带来蒸发量和干旱灾害发生概率的增大,生态系统不稳定性增强。随着气温升高,西藏大部分地区呈现暖干化趋势,生态环境退化、冰川退缩、高原冻土下界上升、冻融消融等问题加剧,进而诱发草地退化和土地荒漠化[①]。一系列生态环境问题对西藏旅游业可持续发展具有一定的影响。

7.4 西藏旅游目的地类型划分与乡村生态旅游目的地类型案例分析

7.4.1 西藏生态旅游目的地类型划分

旅游目的地类型的划分,有利于旅游目的地的开发和建设。旅游目的地按旅游资源类型可划分为:自然山水型、都市商务型、乡野田园型、宗教历史型、民族民俗型和古城古镇型。布哈里斯把旅游目的地分为城市、海滨、山地、乡村、真实的国家和世外桃源。张立明等人按照目的地的构成特征,把旅游目的地分为4种类型:城市型、胜地型、乡村型和综合型。各类目的地类型又可依据不同的标准进行细化。我国现在进入全域旅游时代,全域旅游目的地类型划分依据有两点:一是旅游目的地的发展阶段和发展水平;二是旅游目的地的吸引物和旅游市场两个维度。全域旅游目的地大致划分为三大类:全域大景区型、全域旅

---

① 王娜.对构建西藏生态安全屏障的几点思考[J].西藏发展论坛,2011(3):43-46.

游服务聚集型和"全域＋旅游"型[①]。

我国旅游地的旅游开发已经经历了从旅游景点向旅游景区的发展过程,今天的旅游地逐渐转向旅游目的地化的开发模式。但是,无论旅游目的地怎样发展,旅游景区一直是旅游活动、旅游开发的核心空间,是旅游目的地存在的根本。目前,旅游景区是我国旅游地发展、各方面统计的重点和核心,因此,这里仍然以"旅游景区"概念来说明旅游目的地的发展。关于旅游目的地分类,目前尚无大家基本认同的分类方式。弗兰克·豪伊在《旅游目的地的经营与管理》中,对旅游目的地有个简单的分类,大致分为"城市(特别是历史文化名城、文化名城和旅游城市)、村庄和小城镇、度假胜地、受保护地区(特别是拥有大量自然风光的乡村地区)、生物带、国家"。显然,这主要是根据旅游目的地的资源属性情况来划分的。也有根据旅游功能,比较笼统地将旅游目的地分为观光型旅游目的地、度假型旅游目的地[②]。下面列举几种分类标准,见表7-3[③④⑤⑥⑦]。

表7-3 旅游目的地分类表

划分标准	划分内容
旅游目的地空间范围大小	国家旅游目的地、区域性旅游目的地、城市旅游目的地、景区旅游目的地
旅游目的地主导型旅游功能和资源特征	度假型、观光型、城市型、主题型、文化型、综合型
旅游活动性质	城市型、胜地型
旅游目的地空间、时间、功能	按照旅游目的地空间和地域的大小,旅游目的地总体可以分为国家、城市、旅游功能区域3大类;按照旅游者从客源地到目的地所花费的时间,可分为远程目的地、中程目的地和近程目的地;按照功能可分为复合功能的旅游目的地和主题功能的旅游目的地两类
目的地构成特征	布哈里斯把旅游目的地分为城市、海滨、山地、乡村、真实的国家和世外桃源。张立明等提出旅游目的地可以分为四种类型:城市型、胜地型、乡村型和综合型。刘顺伶、何雨将旅游地分为自然、人文和人造旅游三类;根据旅游活动性质,将旅游地划分为观光、运动娱乐、休闲度假旅地。把上面两个分类体系交叉组合,将上海城郊旅游地归纳为九种类型。袁欣、史春云等将各类型目的地分成单目的地类型(旅游者从客源地到该地游览后直接返回客源地)、枢纽型目的地亦可称作辐射式目的地、门户型目的地和出口型目的地

---

① 王俊,沈韩笑.全域旅游目的地的类型及开发模式[N].中国旅游报,2016-04-11(C02).
② 王昕,张海龙.旅游目的地管理[M].北京:中国旅游出版社,2019.
③ 邹统钎.旅游目的地管理[M].北京:高等教育出版社,2011.
④ 同②.
⑤ 黄安民.旅游目的地管理[M].武汉:华中科技大学出版社,2016.
⑥ 胡静春.旅游地演变分析:旅游地生命周期及其控制策略[M].昆明:云南大学出版社,2016.
⑦ 钱文芳.基于旅游动机的旅游目的地类型选择的实证研究:以长沙市民为例[D].长沙:湖南师范大学,2011.

(续表)

划分标准	划分内容
行政区域	国家级旅游目的地、省级旅游目的地、市县级旅游目的地、景区型旅游目的地
旅游者需求	观光型旅游目的地、休闲度假型旅游目的地、商务型旅游目的地和特种旅游型目的地
目的地旅游资源类	自然山水型、都市商务型、乡野田园型、宗教历史型、民族民俗型和古城古镇型
旅游目的地构成形态	板块型旅游目的地和点线型旅游目的地
旅游目的地主要功能与用途	经济开发型旅游目的地与资源保护型旅游目的地
开发时间和发展程度	传统旅游目的地和新兴旅游目的地
开发时间和发育程度	成熟旅游目的地和新兴旅游目的地
关系紧密程度	紧凑型旅游目的地和松散型旅游目的地
旅游目的地的构成特征	旅游城市与旅游景区（点）

综上所述，旅游目的地划分的核心要素是旅游目的地的构成要素，它能够反映旅游目的地地域特征和发展阶段等特征。本研究根据西藏旅游目的地旅游系统地域特征和重要的世界旅游目的地建设目标（力争把西藏建设成为世界高原生态旅游创新区、世界藏文化体验中心、南亚国际旅游合作实验区和世界著名特种旅游目的地），结合西藏生态旅游区划，从旅游目的地地域特征和旅游产品需求视角，将旅游目的地进行分类，划分为城市型、乡村型、全域型、自然生态旅游目的地、人文生态旅游目的地、综合性生态旅游目的地。具体每一种类型对应西藏的旅游目的地，列举见下表7-4。

表7-4 旅游目的地分类和西藏典型旅游目的地表

旅游目的地类型	特征	典型代表旅游目的地
城市型	(1)城市旅游吸引系统的整体性。(2)城市旅游产品的多元性。(3)城市旅游的统一性	拉萨市旅游目的地、林芝市旅游目的地等
乡村型	乡村生态旅游目的地是凭借农村生活环境、农业耕作方式、农田景观及农业产品吸引旅游者；具有乡村性、参与性、差异性；目标市场是城镇居民，费用低	嘎拉桃花村、拉萨市尼木县吞达村、日喀则市吉隆县帮兴村、林芝市工布江达县错高村等

(续表)

旅游目的地类型	特征	典型代表旅游目的地
全域型	全域大景区型、全域旅游服务聚集型、全域"＋旅游"型	林芝、拉萨等
自然生态旅游目的地	自然山水型旅游目的地以自然山水旅游资源为主要吸引物,可细分为山岳型旅游目的地、水域型旅游目的地、森林草原型旅游目的地、沙漠戈壁型旅游目的地等	雅尼湿地公园、纳木措—念青唐古拉山、雅砻河、唐古拉山—怒江源、巴松措、色季拉、玛旁雍措、然乌湖、姐德秀、班公湖、热振、尼木、比日神山等
人文生态旅游目的地	凭借城镇风貌、宗教历史文化、宗教历史建筑、宗教历史遗迹、民俗文化、地方民俗文化等吸引旅游者	布达拉宫景区、罗布林卡、八角街、拉萨八廓街等
综合性生态旅游目的地	自然景观和人文景观相互交织融合在一起	山南市昌珠镇、日喀则市萨迦镇、林芝市鲁朗镇等

7.4.2 典型乡村生态旅游目的地类型分析——林芝乡村生态旅游目的地

林芝是西藏自治区绿色生态资源最为富集的区域,是我国藏东南高原边缘森林生态功能区的主体区,生态资源环境条件优越,在全国和国际范围内都具有完整性、典型性、独特性的优势特点,发展生态旅游的资源条件优势突出。旅游业是林芝的重要支柱产业,以生态旅游为主要发展导向。

林芝市地处西藏自治区东南部,雅鲁藏布江中下游,地理位置为北纬 26°52′～30°40′,东经 92°09′～98°47′之间,东西长 646.7 千米,南北宽 353.2 千米,总面积约 11.7 万平方千米,实际控制 7.6 万平方千米;林芝的东面及东北部与云南省迪庆藏族自治州、昌都市相连,西北部是那曲市,西部和西南部分别与拉萨市、山南市相邻,南部又与印度、缅甸两国接壤,边境线长达 1 006.5 千米;市中心所在地巴宜区,平均海拔约 3 000 米,距离自治区首府拉萨市 400 余千米。

1) 自然生态

林芝市是世界屋脊的藏地江南,是动物、植物的多谱家园。

林芝气候温暖湿润,是进入西藏后进行旅游活动的最优选择;市中心巴宜区周边,由苯日神山、比日神山等围绕着形成天然屏障,而海拔 7 782 米的南迦巴瓦峰,则是境内的最高峰。林芝水资源丰富,拥有世界最大的峡谷即雅鲁藏布大峡谷,以及世界第三大的帕隆藏布大峡谷,雅鲁藏布江水系流量巨大,其水力资源占西藏全区的 7 成以上;而波密县坐拥逾 2 000 条冰川,有"冰川之乡"的美誉。

从高山、冰川、沙丘到草原、峡谷、雨林,林芝的垂直地带性显著,旅游者可以春天赏桃、夏天避暑、秋天采摘、冬天踏雪。广泛分布的崇山峻岭、良田湿地成为牦牛、山羊、獐、狗熊、狐狸、豹、草鹿等陆生动物,白鹭、红嘴山雀、高山鹂、斑鸠、猎隼等鸟类,以及雅江鱼、巴河鱼等水生动物的栖息地。据统计,林芝目前有6 000多个种类的高等植物、63种哺乳类动物、232种鸟类、25种爬行类动物,发现20种两栖类动物、1 800多种昆虫,共有国家重点保护动物106种。

林芝市温泉资源丰富,西至工布江达(布加沟温泉群、松多温泉、仲莎乡结牧温泉),东至察隅县(察隅温泉宾馆、明期村温泉),均有泉眼分布,可供保健疗养。展望未来,察隅温泉宾馆、明期村温泉等温泉相关的旅游项目亦将提质扩容或建设落成,继续拓展林芝温泉旅游的版图。

林芝市农、牧、林三业兼备,显著的海拔和气候差异,孕育出多元化的作物品种。中西部的草原牧场、北部的高山茶园、东南部的水稻梯田等,产出了藏香猪、林芝松茸、林芝灵芝、林芝天麻、林芝蜂蜜等国家地理标志产品。林芝是中国第3大林区,集聚了西藏8成的森林资源,植被的多样性成就了林芝众多绝世美景,包括中国最大的原始冷云山林"鲁朗林海"以及"中国十大最美森林"之一的岗云杉林、墨脱的亚热带雨林、察隅的原始森林等。

2) 人文生态

林芝是藏族语言"尼池"的音译,有着"太阳宝座"的意思,是我国建制历程中存在时间较短的地级市,是藏医、藏药、藏茶文化的发源地,具有深厚的文化积淀。林芝市连接着印度、缅甸以及我国的云南、四川,促进了中印、中缅边境以及滇藏、川藏之间的经济、文化的频繁交流。林芝市是汉藏文化交融之地,林芝藏族拥有包括工布、塔布、娘布、波隅、察隅、门隅、珞隅在内的"三布四隅"特色文化,常住人口约23万。除了藏族,林芝还有其他少数民族存在,主要包括门巴族、珞巴族、怒族、独龙族、傈僳族、纳西族、白族、僜人等。其中,门巴族主要分布在门隅和墨脱地区,使用门巴语,亦通晓藏文。僜人俗称"僜巴人",是仅有1 300余人的少数民族,说着民族特殊的语言,但是却未能发展出民族文字,不属于我国56个民族中的任何一种。这些少数民族民风淳朴、豪爽好客,至今传承着原始的宗教信仰、独特的风俗习惯、多彩的珞瑜文化,堪称"远古文化的活化石"。目前,林芝市内分布着太昭古城、阿沛庄园、易贡将军楼、波密县扎木中心红楼、秀巴古堡、冲康庄园、烈山古墓群、烈士陵园、甲噶东赞、驼峰航线坠机点等10个红色资源点,主要集中在G318和S306沿线,方便游客前往。

3) 林芝乡村生态旅游目的地旅游服务

"十三五"期间,林芝市重点进行了乡村旅游示范村项目建设,主要实施了家庭旅馆改造提升,乡村旅游标识导览系统、乡村旅游厕所、乡村旅游公共服务设施等基础设施建设项目。对扎西岗村、罗布村等17个家庭民宿进行改造,建成了一批具有典范引领作用的示范智慧家庭旅馆。2020年,错高村、立定村、东巴才村被列入了全国乡村旅游重点村。此外,林芝市还引导农牧民群众转变思想观念,使更多的农牧民加入乡村旅游中来。截至2020年底,从事旅游服务的农牧民群众达到6 756户2.49万人次。一系列相关措施的实施,使林芝市乡村旅游服务体系逐步得到了完善。

4) 旅游市场环境和市场开拓

林芝市建立健全了《林芝市旅游安全风险提示制度》《林芝市旅游突发事件应急预案》《林芝市风险点危险源排查管控清单》等制度,在"十三五"期间,持续保持了旅游行业全年安全生产"零事故"的良好态势。同时,制定出台《旅游购物场所集中清理整顿长效机制实施方案》,与各旅游购物电商签订《诚信经营承诺书》,与各县(区)签订《旅游市场清理整顿目标责任书》,这对于维护林芝市乡村旅游市场秩序起到了积极的作用。

"十三五"期间,林芝市设立专门的旅游宣传营销资金,累计宣传促销投入达1 500万元。制定出台"冬季旅游"促销奖励政策、冬游西藏补贴政策,大力实施"稳市场、促旅游、惠民生"市场鼓励政策。"冬游西藏"活动实施以来,共接待国内外游客117.8万人次,政府补贴累计发放1 653.5万元。林芝市通过采取"请进来、走出去、办节庆、搞促销"的方式,为本地乡村旅游有效地开拓了市场。

2013—2017年,林芝市游客接待总量分别为249.62万人次、278.63万人次、351.72万人次、437万人次、518.66万人次,游客接待总量同比增长率分别为9%、11.52%、26.4%、24.2%、18.5%;旅游总收入分别为22.63亿元、25.88亿元、32.83亿元、39.3亿元、45.46亿元,旅游总收入同比增长率分别为21.7%、14.4%、26.9%、24.3%、15.7%,详见图7-1。林芝市旅游市场呈现快速增长趋势,旅游接待人数和旅游总收入呈上升态势,但是相对增长率波动较大。2013—2017年,林芝市游客人均消费分别为906.58元、928.83元、933.41元、892.45

元、876.49元,详见图7-2。前3年游客人均消费实现平稳增长,但是后2年的人均消费不增反降,且均比2013年低。究其原因,可能与林芝旅游深度体验产品开发不足、过分依赖门票收入有关。

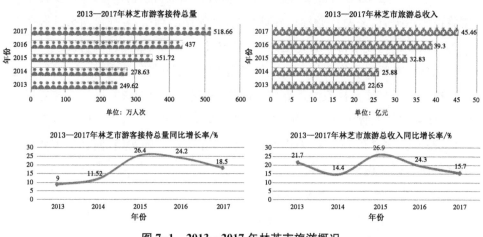

图7-1 2013—2017年林芝市旅游概况

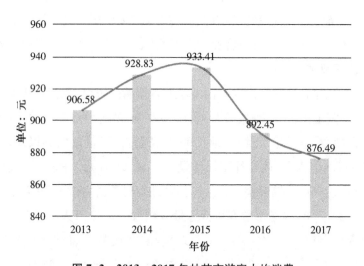

图7-2 2013—2017年林芝市游客人均消费

2017年林芝市巴宜区招待旅游者人数为176万人,通过旅游获得的收入在14亿元左右;工布江达县招待旅游者人数为108万人,通过旅游获得的收入在5亿元左右;米林县招待旅游者人数为104万人,通过旅游获得的收入在15亿元左右;波密县招待旅游者人数为76万人,通过旅游获得的收入在7亿元左右;察隅招待旅游者人数为22万人,通过旅游获得的收入在1.8亿元左右;朗县招待旅游者人数为21万人,通过旅游获得的收入在1亿元左右;墨脱招待旅游者人数为11万人,通过旅游获得的收入在1亿元左右,详见图7-3。

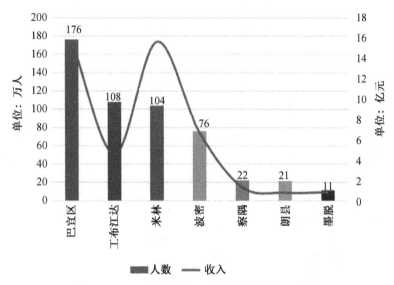

图7-3 2017年林芝各区县旅游接待人数及收入

2017年,林芝市接待游客前3名分别是巴宜区、工布江达县和米林县,旅游收入前3名分别是米林县、巴宜区和波密县,而朗县、察隅县、墨脱县等3县在接待游客和旅游收入方面均远远落后于其他区县,反映出各区县旅游发展的不均衡。此外,工布江达县旅游接待人数较多,但旅游收入水平偏低,反映出业态单一、开发粗浅等问题。

依据《林芝市微信调查问卷结果(2017)》等相关资料,辅以巴松措、雅鲁藏布大峡谷、鲁朗小镇等主要旅游景区及酒店的接待情况,分析2017年林芝市旅游客源情况,如图7-4。

从总体上看,林芝市主要客源市场为西藏自治区本区、邻近的川渝地区,以及经济发达的广东、北京等省市。此外,湖南、陕西等中部地区的客源贡献亦同样抢眼。

西藏本地游客中,以拉萨、林芝为主,昌都、山南等地区的游客相对较少。

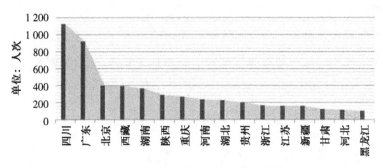

图 7-4　2017 年林芝市国内市场客源结构

根据《林芝市微信调查问卷结果(2017)》等相关资料分析得出,游客出游目的主要分为四类:第一类是观光度假,游客出行目的主要是观光、休闲以及体验美食,偏爱能带来本土体验的山地、乡村地区;第二类是商务会议,游客出行目的主要是出差办理相关事务;第三类是进香;第四类是探亲访友。详见图 7-5。

图 7-5　2017 年林芝市游客出游目的占比

观光度假和商务会议是林芝现有客群的主要出游目的,其次为探亲访友、进香等。

本地市场:2019 年,林芝市完成地区生产总值 172.45 亿元,同比增长 8.1%;社会消费品零售总额 44.9 亿元,增速 8.1%;城乡居民人均可支配收入分别达到 33 041 元和 16 710 元,分别增长 11.3% 和 12.9%。2019 年拉萨市完成地区生产总值 617.88 亿元,同比增长 8.0%;社会消费品零售总额 322.17 亿元,同比增长 9.1%;城乡居民收入分别达到 39 686 元和 16 216 元,分别增长 10.7% 和 12.9%。无论林芝本地抑或自治区首府拉萨,社会经济均呈现高速增长的态势,带动旅游产业较快增长。

国内市场:根据百度指数的数据,在近 7 年时间内(2013 年 7 月—2020 年 12 月),以"林芝"为关键词搜索的全国互联网用户,来源排名最高的省份依次为广东、西藏、四川、北京。而 20~29 岁、30~39 岁、40~49 岁的中青年人群分别占据年龄分布的前3位,当中又以男性为主。可见,国内经济发达地区和邻近地区的中青年群体已成为林芝旅游市场的潜力来源。

截至2020年底,林芝市旅行社总数达到9家,分别为巅峰旅行社、西藏林芝南迦巴瓦旅行社、川藏线标间旅行社、鼓浪屿旅社、西藏林芝假日旅行社、在路上户外旅行社、南湖国际旅行社、西藏指南针国际旅行社、西藏大美旅行社,这些旅行社基本上能够承担起对旅游者的组织和接待工作。各旅行社内部有林芝市重点乡村旅游示范村的相关资料,在为游客推介乡村旅游相关信息时,能很好地对乡村旅游地进行宣传。

6)乡村旅游信息化发展

林芝市"智慧旅游·乡村旅游信息化"项目目前已经建设完毕,整合资金5 229万元,完成了大数据平台、视频汇总平台、家庭旅馆预订平台、农牧产品展销平台、H5导览平台等软件的开发。重点推进了林芝导游讲解词智能讲解系统和"一部手机游林芝"系统等新型基础设施项目。项目惠及20个旅游示范村300家家庭旅馆。扎西岗村、罗布村对17个家庭民宿进行了改造,建成了一批具有典范引领作用的示范智慧家庭旅馆。除此之外,智慧旅游服务,如网络预订、Wi-Fi覆盖、新能源汽车网络租赁等,已经在雅鲁藏布大峡谷、鲁朗小镇、巴松措等景区铺开。色定村、加定村等地联合电商平台,发展"信息进村入户"业务,也取得了一定成效。旅游电子政务尚处起步阶段,官网、应用程式、投诉机制等亟待完善。

7)旅游基础设施建设

林芝市乡村旅游道路交通主要是公路交通,早在2018年林芝市便实现了各个行政村公路的村村通建设,通达率达到了百分百。林芝市对重点乡村旅游地连接各景点的公路进行了绿化,且大多在村口建设有停车场,为驾车的旅游者提供了极大的方便。林芝市完成了316个AP点位硬件铺设,共覆盖20个旅游示范村。全市共300个家庭旅馆和市区主要交通要道的"智慧旅游公共Wi-Fi"硬件基础正式投入使用。根据实地考察得到的结果,林芝市各乡村旅游地供水、供电充足,且大都修建有排水沟,供电设施如变压器、电杆、电线等仅有个别乡村旅游地略显老旧。林芝市乡村旅游地水电设施良好,与林芝市政府高度重视乡村旅游建设有密切关系。

林芝市乡村旅游住宿设施主要以精品民宿为主,高端酒店为辅。截至2020

年底,林芝市由农牧民主办的家庭型旅馆共有637家,能够为旅游者提供各种档次的客房共4 656间,提供各档次床位总数为10 808张,其中高档星级家庭旅馆共有295家,能够为旅游者提供的高档次客房共2 586间,提供高档次床位数为5 904张。

林芝市的乡村旅游在提供住宿设施的同时,也会提供餐饮设施。根据相关统计,2018年林芝市共有各类型餐饮设施1 154家。各区县均有一些知名餐馆,如巴宜区的南渝食府、工布德吉康桑藏餐厅,波密县的圣地卓龙藏家宴、寓见花园餐厅,墨脱县的有盐有味餐饮店、鸿运酒楼,米林县的有米南藏家宴、门巴风情山庄,朗县的天府名吃、阳光欢聚金东藏餐馆,工布江达县的蜀都、民福酒楼,察隅县的浩哥食府、沁雅茶楼等。进行乡村旅游活动的旅游者既可以选择在农牧民的家庭小饭店品尝具有鲜明特色的藏餐,也可以到各个知名餐厅享受以本地食材入馔的美食。

林芝市乡村旅游地的摊点大多为流动性的,专门的购物设施如纪念品商店和小卖部仅在重点乡村旅游能够见到,且规模也不是很大。各乡村旅游景区的购物环节非常薄弱,鲜见富有原创性、科技含量或艺术设计感的本土手信或文创商品。在市场开放和人们消费偏好变化日益加剧的大环境下,传统的农林畜制品、中草药材制品、传统手工艺品等正面临冲击。

林芝市乡村旅游大多以游览为主,娱乐设施极少,只有部分乡村旅游地将现有的乡道、村道、田埂、滨水地段转化为乡村旅游风景道、绿道及蓝道,将乡野间的"行走"作为体验,供游客仔细"慢游"。

2018年统计结果显示,林芝市共有县级客运站7个,乡镇通班车率为58.9%,县城城市公共交通覆盖率为14.3%,即仅巴宜区开通了城区公交服务,现有5条公交线路运营。林芝市巴宜区有出租车,行车不打表,可包车游玩附近乡村旅游景点,如巴松措、雅鲁藏布大峡谷、鲁朗花海牧场、苯日神山、南伊沟、喇嘛岭寺等。林芝市区有3家汽车租赁企业。因藏区山路崎岖难走,且经常会有会车发生,没有山区驾驶经验的游客,可在租车公司聘请当地司机以保旅行安全。林芝长途客运站开通了前往拉萨、山南、昌都、成都等地的班车线路。市区有往返部分乡村旅游景区的客运专线,如巴宜区-巴松措客运专线、巴宜区-鲁朗花海牧场旅游区客运专线、巴宜区-雅鲁藏布大峡谷景区客运专线、巴宜区-喇嘛岭客运专线等。

厕所问题是林芝乡村旅游业现存的一大短板问题。厕所的缺失或设施落后,让旅游者对林芝乡村旅游的印象大打折扣。林芝乡村旅游的厕所有着"脏、乱、差、少"等问题。厕所数量少,乡村旅游公路沿线厕所数量严重不足,厕所覆盖率低,景区厕所位置不合理、缺少引导标识。环境卫生差,乡村旅游公路沿线厕所多为旱厕,缺乏日常维护。厕所管理混乱,不少厕所收费且无收费告示或厕所无人管理,经常断水断电。建设标准不一,以住建部门为主导的厕所建设没有考虑厕所的景观功能,在风貌设计上未能体现本土特色。有些厕所则十分简陋,无法满足如厕以外的其他需求。

经过三年的厕所整改,林芝市乡村旅游厕所改造项目主要完成了乡村旅游公路——G318、G559、G219 沿线的厕所改建,雪域桃源、雪山圣湖、寻幽探秘等乡村旅游慢行道的厕所改建,各县乡村旅游特色村、乡村旅游示范村等的厕所改建,极大地提升了林芝乡村旅游地的厕所数量和质量,能够很好地满足旅游者的相关需求。

林芝市结合旅发委、交通运输局开展了"旅游标识牌专项工程",兼顾标准化和个性化的设计需要,构建了林芝乡村旅游标识系统。主要包括:在拉林公路、机场公路、G318、G219、G559、S4、S303 等乡村旅游主干道沿线,设置了乡村旅游引导个性化标识;完善乡村旅游景区、乡村旅游示范村等地入口处的标识设施建设,乡村旅游景区内部根据各自特色,设计个性化的标识系统,并依据游览习惯科学布局标牌;全市各乡村旅游场所统一使用达到国家标准的标识系统,在统一的乡村旅游视觉识别系统下,设计官方宣传画册、招商手册,以及名片、环保袋、职员服饰等周边衍生品。

8) 乡村旅游资源

林芝市乡村自然旅游资源见表 7-5。

表 7-5 林芝市乡村自然旅游资源

基本类型	资源单体代表
山丘	苯日神山、比日神山、色季拉山、南迦巴瓦峰、加拉白垒峰、巴嘎山、米拉山、宋东巴热神山、德姆拉山、梅里雪山、盔甲山等
谷地	卡定天佛瀑布景区、雅鲁藏布大峡谷、南伊沟景区、扎贡沟、尼洋河谷、帕隆藏布峡谷、怒江峡谷、波堆桃花沟等
砂砾石地	佛掌沙丘、卧龙奇石、列山、大流沙等

(续表)

基本类型	资源单体代表
滩地	江心岛、雅鲁藏布大峡谷(久巴村、朗多村、彩门村、米尼村)、江河汇流等
奇特与象形山石	卡定天佛瀑布景区象形岩壁(大佛、女神、观音、护法、如来佛祖、喇嘛诵经、神龟叫天、神鹰献宝、酥油灯)、岗云杉林(山神石)等
泥石流堆积	扎墨公路沿线山体滑坡点、大流沙等
冰川堆积体	米堆冰川、阿扎冰川、朗秋冰川、朱西冰川、则普冰川、卡钦冰川、勒勃朗冰川等
岛区	江心岛、巴松措(湖心岛)、南伊沟景区(沙棘岛)等
湖泊	措木及日景区、巴松措、拉多藏湖、嘎朗湖、嘎瓦龙天池、布裙湖、派镇加拉村雅江堰塞湖等
瀑布	藏布巴东瀑布群、卡定天佛瀑布景区、加兴沟水帘瀑布、嘎贡沟、扎日圣水、加隆瀑布、鸟当瀑布、亲水叠瀑、老虎嘴瀑布、汗密瀑布等
温泉	直白村格嘎温泉、布加沟温泉群、松多温泉、仲莎乡结牧温泉、明期村温泉、姐妹温泉、日东温泉、喊泉等
丛树	卡定天佛瀑布景区、世界柏树王园林、扎贡沟黄牡丹林、索松村山楂树群、千年核桃王景区、妖精青冈林、丙察察线野生仙人掌林等
独树	千年云杉王、世界柏树王、千年大桑树、千年核桃王等
草场花卉地	鲁朗花海牧场、工布花谷、扎贡沟黄牡丹林、拉多藏湖(野生山杜鹃)、岗云杉林(草湖)等
林间花卉地	久巴村、色定村、珠曲登村、波堆桃花沟、米尼村、拉如村、罗马村等

林芝市乡村人文旅游资源见表7-6。

表7-6 林芝市乡村人文旅游资源

基本类型	资源单体代表
教学科研试验场所	贡布曼隆宇妥藏医学校、米林江心岛农业科技示范园等
康体游乐休闲度假地	岗云杉林、德嘎度假村、波密广场、莲花广场、锅庄广场、阿沛庄园、甲嘎东赞等
宗教与祭祀活动场所	喇嘛岭寺、冲康庄园、朋仁曲德寺、措宗寺、拉鲁寺、巴嘎寺、仁青崩寺、塔巴寺等
人类活动遗址	江河汇流东北岸(新石器时代晚期古人类遗骸及墓葬群)
历史事件发生地	千年大桑树(松赞干布和文成公主手植)、扎贡沟(藏医药学创始人宇拓炼丹、行医、授徒之地)、易贡将军楼、波密县扎木中心红楼、秀巴古堡、冲康庄园、驼峰航线坠机点等
军事遗址与古战场	秀巴古堡、驼峰航线坠机点等
交通遗迹	德兴藤网桥、通麦跨江简易桥、通麦跨江旧桥、茶马古道等

(续表)

基本类型	资源单体代表
废城与聚落遗迹	则拉宗遗址、太昭古城、秀巴古堡、嘎朗王宫遗址、旧堆村遗址等
摩崖字画	工布第穆萨摩崖石刻、唐拉山摩崖造像、觉木摩崖造像、五金拉摩崖造像等
传统与乡土建筑	扎西岗村、索松村、直白村、日村、冲康庄园、措高村、朱西村、德兴村、沙玛村等
名人故居与历史纪念建筑	冲康庄园(十三世达赖出生地)、倾多镇(藏王聂赤赞布出生地)等
墓(群)	烈山古墓、嘎玛孜拉岗石棺墓、色古拉墓群、久巴墓群嘎拉墓群、娘布多洛墓群、色结角朗墓群等
栈道	巴松措栈道、南伊沟景区栈道、扎贡沟栈道、卧龙奇石栈道、岗云杉林栈道、米堆冰川栈道、罗马村栈道等
菜品饮食	工布江达米玛糌粑、工布江达措高藏香猪、鲁朗石锅鸡、波密膀贡肉、僜人手抓饭(糌粑、酥油茶、甜茶)等
农林畜产品与制品	藏香猪、藏香鸡、牦牛肉干、青稞酒、青稞饼干、黑钻苹果、香蕉、草莓、易贡茶叶、"朗敦红"辣椒、核桃、松茸、大米等
传统手工艺产品与工艺品	米林珞巴织布、米林珞巴竹编、工布圣香、工布藏族服饰、朗县金东牧民服饰、易贡藏刀、波密竹编筐、墨脱邦穷、墨脱石锅、察隅木碗、察隅僜人银饰、察隅僜人服饰等

林芝市节日庆典见表7-7。

表7-7 林芝市节日庆典

基本类型	资源单体代表
民间节庆	藏历新年、多吉乡斗熊节、工布新年、望果节等
旅游节	林芝桃花节、雅鲁藏布生态文化旅游节、黄牡丹文化旅游节、巴松措民俗文化旅游节等
文化节	僜人民俗文化节、波密民俗文化艺术节、波密达大马术节等

林芝市农村文化民俗见表7-8。

表7-8 林芝市农村文化民俗

基本类型	资源单体代表
地方风俗与民间礼仪	献哈达、藏语敬语的使用、特殊称谓、僜人文化等
民间演艺	朗县文成公主歌谣、米林切巴舞、工布江达措高梗舞、林芝工布箭舞、斗熊舞、波密多吉帕雄热巴舞等
特色服饰	米林珞巴织布、工布藏族服饰、朗县金东牧民服饰、墨脱门巴服饰、察隅僜人服饰等
文学艺术作品	珞巴族始祖传说、林芝工布民歌、波密白(说唱)、波密波央等
饮食习俗	"三口一杯"敬酒习俗、唱劝酒歌、藏民饮食禁忌等

综上分析,林芝市乡村旅游资源实体体量比较可观,旅游资源的基本类型数量较多,其中,乡村自然旅游资源基本类型有15种,乡村人文旅游资源基本类型有16种,两者数量相对均衡。林芝市相关节日庆典有10种以上,农村民俗文化较为丰富。

林芝市乡村旅游资源种类较多,自然与人文资源交相辉映,春、夏、秋、冬四季各有看点,详见表7-9。

表7-9　林芝市乡村旅游资源四季分布

季节	活动类型	旅游活动具体内容
春季	节事	藏历新年、林芝桃花节等
	观光	波堆桃花沟、嘎拉村、拉如村、罗马村等地的桃花,尼洋河、雅鲁藏布江沿线的油菜花
	寻味	各式贺年食品,如切玛(糌粑)、卡赛(酥油面食)等
	采收	茶叶(易贡茶场、察隅农场)
夏季	节事	多吉乡斗熊节、黄牡丹文化旅游节、僜人民俗文化节、巴松措民俗文化旅游节等
	观光	扎贡沟、尼洋河畔的黄牡丹花,拉多藏湖、色季拉山、墨脱等地的山杜鹃花
	采收	草莓、蓝莓、樱桃、桑葚、香蕉、毛桃、小番茄、柠檬、西瓜、松茸、虫草等
	避暑	鲁朗林海、卡定天佛瀑布景区、雅鲁藏布大峡谷、南伊沟景区、扎贡沟、帕隆藏布峡谷等
秋季	节事	波密民俗文化艺术节等
	观光	巴松措、雅鲁藏布大峡谷、南伊沟景区、鲁朗小镇沿线的松林与红枫、米林江心岛农业科技示范园
	采收	水稻、小麦、青稞、核桃、黑钻苹果等(朱曲登村苹果基地、黑钻苹果主题休闲农庄、巴宜区布登乡珠曲登村果园)
	寻味	核桃仁、核桃油、花生等
冬季	观光	南迦巴瓦峰、措木及日(冰湖)等
	泡汤	布加沟温泉群、直白格嘎温泉等
	避寒	下察隅、上察隅、察瓦龙乡等

林芝市的旅游部门虽打出"冬游林芝"的宣传口号,但受限于交通基建及接待设施的水平较差,冬季不少地区需要封山封路,极大阻碍了冬季乡村旅游的开展。

9) 乡村旅游产品开发

林芝市具有代表性的自然类乡村旅游资源见表7-10。

表 7-10　林芝市代表性自然类乡村旅游资源

代表性旅游资源	旅游相关称号或荣誉
雅鲁藏布大峡谷	世界最大峡谷、国家 5A 级景区
帕隆藏布峡谷	世界第三大峡谷
巴松措	国家 5A 级景区
鲁朗小镇、南伊沟景区	国家 4A 级景区
卡定天佛瀑布景区、千年核桃王景区	国家 3A 级景区
巴松措、色季拉、比日神山	国家森林公园
雅尼、嘎朗、朱拉河	国家湿地公园
雅鲁藏布大峡谷、慈巴沟	国家级自然保护区
藏香猪、林芝松茸、林芝灵芝、林芝天麻、林芝蜂蜜等	国家地理标志保护产品
工布、巴结巨柏	西藏自治区级自然保护区
南迦巴瓦峰	《中国国家地理》"中国最美山峰"
鲁朗林海	中国最大原始冷云杉林
波堆桃花沟	上海大世界基尼斯"中国最大桃花谷"

林芝市具有代表性的人文类乡村旅游资源见表 7-11。

表 7-11　林芝市代表性人文类乡村旅游资源

代表性旅游资源	旅游相关称号或荣誉
鲁朗小镇	国家级旅游度假区
烈山古墓、扎木中心县委红楼	全国重点文物保护单位
米林珞巴族服饰、林芝工布藏族服饰、珞巴族始祖传说等	国家级非物质文化遗产
工布第穆萨摩崖石刻、朋仁曲德寺、冲康庄园、墨脱县藤网桥等	西藏自治区文物保护单位
米林丹娘铁器制作技艺、墨脱门巴竹编制作技艺、墨脱石锅制作技艺等	西藏自治区级非物质文化遗产

在代表性自然类乡村旅游资源方面，林芝共有国家 A 级景区 6 家、国家级自然保护区 2 处、国家森林公园 3 处、国家湿地公园 3 处。在代表性人文类乡村旅游资源方面，林芝拥有国家级旅游度假区 1 处、全国重点文物保护单位 2 处。

林芝现有乡村旅游项目的层次较为丰富，但成规模的成熟景区和接待设施数量严重不足，更加缺乏高体验度和具备广泛影响力的旅游产品。

林芝市现有的乡村旅游产品见表 7-12。

表 7-12 林芝市现有乡村旅游产品

产品类型	乡村旅游产品
观光游览型	苯日神山、比日神山、色季拉山、南迦巴瓦峰、德姆拉山、米堆冰川、果果塘大拐弯、林多大拐弯、雅鲁藏布大峡谷、南伊沟景区、扎贡沟、嘎贡沟景区、尼洋河谷、帕隆藏布峡谷、波堆桃花沟、慈巴沟国家级自然保护区、措木及日景区、巴松措、拉多藏湖、卡定天佛瀑布景区、加隆瀑布、乌当瀑布、亲水叠瀑、喇嘛岭寺、冲康庄园、朋仁曲德寺、拉鲁寺、巴嘎寺、仁青崩寺、塔巴寺、秀巴古堡、太昭古城、鲁朗小镇、阿沛庄园、易贡将军楼、波密县扎木中心红楼、烈山古墓、甲嘎东赞、驼峰航线坠机点等
食品型	工布江达米玛糌粑、工布江达措高藏香猪、鲁朗石锅鸡、波密膀贡肉、牦牛肉干、僜人手抓饭(糌粑、酥油茶、甜茶)、拉贡塘酥油(核桃茶)等
商品型	虫草、松茸、灵芝、天麻、玛卡、朗县核桃、墨脱邦穷、墨脱石锅、察隅木碗、易贡藏刀、工布圣香、金东藏纸等
住宿型	古村落、农家乐、渔家乐(扎西岗村、索松村、直白村、日村、措高村、朱西村、德兴村、沙玛村、卓村等)、仁青客栈等
康养型	直白村格嘎温泉、布加沟温泉群、松多温泉、仲莎乡结牧温泉等
娱乐型	波密民俗文化艺术节(赛马)、察瓦龙乡赛马节、波密达大马术节、工布响箭、多吉乡斗熊节、工布新年、跳神舞、耍坝子等

林芝现有的乡村旅游产品以观光游览型居多,且质量参差,大部分停留在草创或升级换代阶段,无法满足基础消费市场的需要。

10) 乡村旅游区域开发竞合分析

藏东南与滇西北地区位置相邻、文化相融、民俗相通,具备乡村旅游合作基础。对藏区以外的游客而言,各种少数民族文化之间未必有清晰的区分度。林芝乡村拥有大量的国家级乡村旅游资源,客源半径较广,近年备受广东、四川等地的游客追捧。相比"拉萨-林芝"一线的藏东南地区,西藏其他地区的乡村旅游产业尚处起步阶段,竞争力较弱。即使在藏东南地区,旅游者在乡间停留的时间亦有限,仅有少量自驾的旅游者才会体验"藏东环线""大香格里拉旅游环线"等长距离的跨区域乡村旅游路线。

近年逐步完善的高等级公路和航空交通,加强了林芝与周边城市物流、客流、信息流的联系。新建成的拉林铁路,有望吸引更多中远程游客到访,并进一步延长逗留时间,增加二次消费。

林芝应突显自身在"进藏适应平台""藏东南交通枢纽"等方面的优势,与周边一众历史悠久、藏文化浓厚的乡村旅游地开展差异化竞争。找准自身在乡村人文旅游资源方面的特色并加以放大,如汉藏文化交融、突出乡村风情等,增强乡村自然类景区的文化内涵。

11）结论与建议

（1）结论

① 乡村旅游专业人才是乡村旅游的基石

林芝乡村旅游无论是管理者还是提供服务者大部分是当地的农民和牧民，缘于低层次的教育水平，他们的综合素质普遍要低很多，不能适应林芝市乡村旅游发展对于专业型人才的需要。从 21 世纪初开始，内地较为发达地区相继开始对西藏实施援助计划，林芝市也借机开始对乡村旅游管理与服务人员分别进行了专业的培训，但参与培训的农牧民规模不是很大，且由于知识水平的限制培训速度也不是很快，这导致了林芝乡村旅游专业人才数量增加的速度远远低于林芝市乡村旅游发展的速度。林芝市现在无论是乡村旅游管理人才还是乡村旅游服务人才，都明显地露出了储备不足的问题，缺乏更高层次的乡村旅游产品开发人才。支持子系统对乡村旅游产品开发专业人才的支持不充分，导致了乡村旅游产品的开发在数量和质量上存在各种问题，拖慢了林芝市乡村旅游地域系统的发展进程。

② 乡村旅游产品的供给必须以适应旅游市场的需求为前提

林芝市乡村自然资源与人文资源在类型数量上相差无几，但在依托它们进行开发的各类乡村旅游产品中，自然类乡村旅游产品的影响力远远大于人文类乡村旅游产品，体现出林芝市乡村旅游产品供给存在结构上的不合理。而相较于乡村自然资源的多样和乡村人文资源的丰富，林芝市供给的乡村旅游产品不但类型相对单一，数量明显不足，而且大部分还正处于初创或升级换代阶段，质量上参差不齐，充分暴露出林芝市乡村旅游在产品开发方面的力度严重不足。基于客观和主观方面的影响，进行乡村旅游活动的旅游者每年都在大量的增长，这对乡村旅游产品有着越来越高的要求，但是林芝市乡村旅游产品不论在结构上还是在数量和质量上，都显露出无法充分满足目前的乡村旅游市场需求的状态，林芝市乡村旅游产品有效供给与乡村旅游市场需求呈现出了不均衡的现象。

（2）建议

① 创新乡村旅游区域合作机制

着眼林芝乡村旅游的未来发展目标，打通对外交通战略通道，构建航空、铁路、高等级公路相结合的立体交通格局。航空方面，增开林芝机场与国内各大城市如北京、上海等的直飞航班线路，增开林芝的夜航班机，提升入藏旅游的交通优惠政策;基于米林机场客流情况和航班运行规律,对机场大巴的发车时间进行相应的调整,增加机场大巴的车次,尽快建成波密县通用航空机场。铁路方面,加快现有铁路工程和沿线铁路客运站建设进度,力争早日通车。公路方面,提升道路质量,完善引导标识与自驾服务体系建设,完善林芝市对接拉萨、山南等地区的外部交通网络,全面融入区域高速公路网。在提升外部交通可进入性的同时,还应注重内外并举,提高内部交通通达度,构建内通外达、区县串联、覆盖全域的旅游交通格局。具体措施包括:在林芝市现有交通网络的基础上,完善乡村旅游地之间的串联,打造"快旅"旅游交通体系;引导公共汽车向城郊以及重点乡村旅游景区景点延伸;灵活运用客运大巴、旅游小巴、电瓶车、共享单车等多元化的接驳方式;升级改造林芝长途客运站的硬件设施,加快建设林芝火车站;以公共交通为基础,发展多条乡村旅游直通车线路,促进汽车站、巴士站与重点景区"无缝对接"等。

② 创新乡村旅游人才培养机制

人才匮乏是林芝乡村旅游的短板,应该把这个短板作为关键问题尽快解决。林芝地处边疆路途遥远,区外之人大多有着对西藏高原反应的担心,因此很难留住区外的乡村旅游专业知识人才。林芝市乡村旅游人才培养的重点应该是当地农牧民。林芝市政府应将提升当地农牧民的整体素质作为长期工程来做,定期对农牧民展开适合当地乡村旅游发展的知识和技巧培训。对于已外出受过高等教育的农牧民,通过制定相关乡村旅游政策吸引他们返乡就业或者创业。发挥重点乡村旅游地的示范作用,共享乡村旅游发展经验。组织当地农牧民外出参观,学习先进的乡村旅游发展模式。创新乡村旅游人才培养机制,依靠传统和现代相结合的方式,开展各种类别的网络和现场培训,重点培养乡村旅游管理专业人才和乡村旅游服务专业人才等乡村旅游各个方面的专业人才。应该将本地从事乡村旅游的农牧民作为重点对象进行长期的培养,同时对于区外的乡村旅游专业型人才也应该尽量地争取。林芝市应协同人社部门依靠现代信息技术构建各种旅游人才信息网站门户,促进地域内各乡村旅游地与乡村旅游专业人才之间的交流;为招来的区外乡村旅游人才提供便利条件,同时为林芝乡村旅游地域系统的发展提供智慧方面的支撑。加强同大学和研究院的合作,使它们增大乡村旅游专业的招生规模,全面培养乡村旅游各方面专业人才。

③ 创新乡村旅游产品开发模式

林芝市应该明确旅游市场需求,根据旅游市场需求进行乡村旅游产品的开发,实现乡村旅游产品开发与旅游市场需求的相互均衡;设立乡村旅游商品开发专项经费,支持乡村旅游商品开发,鼓励制定相应的乡村旅游产品开发奖励办法;搭建由专业机构、院校、设计比赛构成的创意平台,促进乡村旅游产品的创新。应该凭借林芝市特有的青稞农场等农业旅游资源,重点开发亲子农场类乡村旅游产品。孩子的教育问题一直以来都是家长们最为重视的问题,但两代之间的沟通似乎总有不顺畅的地方,开发让孩子与家长在农场中能共同参与的亲子类体验型乡村旅游产品,使进行旅游的家长达成通过乡村旅游增长孩子见识并与孩子进行交流的目的。此外,应该凭借林芝市拥有众多少数民族的优势,整理各个少数民族的民风民俗,开发独具特色的民族风情型乡村旅游产品;凭借各少数民族的日常生活,开发能够让旅游者参与进各少数民族日常生活的深度体验型乡村旅游产品,让旅游者与当地农牧民一起,吃各个少数民族的特色饭菜,住具有各个少数民族特色的屋舍,从事具有各个少数民族特色的专项农业劳动;凭借少数民族的传统节日和娱乐项目,开发可供旅游者同当地农牧民一起娱乐的情趣型乡村旅游产品,使旅游者能够体验赛马、斗熊、工布响箭等少数民族才有的活动。

7.5 西藏世界旅游目的地生命周期划分

旅游目的地是旅行者前往开展旅游体验的地域空间地,旅游地域系统主要包含旅游资源、旅游产品、旅游产业和旅游目的地。旅游目的地的成长理论维度主要包括时间维度和空间维度。时间维度相关的理论主要有:旅游的生命周期理论和可持续发展理论。空间维度相关理论主要有:区位理论、增长极理论、点轴理论和核心边缘理论。

把西藏建设成重要的世界旅游目的地成为国家战略,对于西藏旅游业来讲,这是大发展的机遇。机遇与挑战并存。提升世界旅游目的地竞争力,必须从时间和空间上探寻目的地成长的脉络,因此本研究在时间维度上采取旅游地生命周期理论研究西藏旅游目的地成长历程。

7.5.1 研究设计

旅游地生命周期理论是研究旅游预测、市场营销和规划的发展演变,并从发生学和时间演化过程对旅游地的成长和发展趋势进行描述的重要理论[1]。迄今为止,学者们公认的旅游地生命周期理论是1980年由加拿大地理学家巴特勒提出的。他以旅游产品生命周期阐述了旅游地演变过程,提出旅游地演化的6个阶段:探索、参与、发展、巩固、停滞、衰退或复兴阶段。国内学者罗明义提出用游客量增长率的方法来判定旅游地生命周期的做法。王媛等认为旅游地形象演变与旅游地生命周期密切相关,需要开发旅游资源、创新产品、引入新设施等旅游供给。旅游地在探索期的形象应强调原始风貌,在发展期应凸显发展活力,在巩固期应展示多元化,在衰退期应注重旅游地新生机等[2]。旅游目的地的发展,并不都会经历旅游目的地生命周期全部过程,或许中途夭折,或许走向更为平稳的发展阶段。因此,对于旅游目的地而言,将其生命周期长期地维持在成长期、稳定期,是实现旅游经济效益、生态效益和社会效益的方法。

旅游地生命周期理论不能作为一个完美的预测工具,主要是因为难以确认转换点;生命周期各阶段时间跨度差别很大;地理范围不同的目的地生命周期差别很大。学者张城铭和张涵在借鉴前人研究经验的基础上,提出用Logistic模型划分旅游地生命周期,从而计算出3个时间节点,并将巴特勒的6阶段模型的前5个阶段重新划分为探索-参与阶段、发展阶段、巩固阶段及停滞阶段[3]。

为建设世界旅游目的地,准确定量判断西藏旅游目的地发展阶段,更准确制定世界旅游目的地发展战略,打开国内国际旅游市场,为西藏旅游业提质增效,本研究采用Logistic模型定量划分西藏旅游目的地生命周期,并判定节点出现的具体时间,测度西藏旅游的生命周期。

数据来源:本文使用的数据均来自《西藏统计年鉴2019》,研究时间跨度为1981—2019年。数据指标:国内旅游收入、国际旅游收入和入境游客数量、国内游客数量以及合并指标包括旅游人数和旅游收入指标分别测算。

7.5.2 西藏旅游目的地生命周期实证分析

本文主要依据的理论是巴特勒的旅游地生命周期理论,借鉴张城铭和张涵

---

[1] 张建忠,孙根年.山西大院型民居旅游地生命周期演变及其系统提升:以乔家大院为例[J].地理研究,2012,31(11):2104-2114.
[2] 王媛,冯学钢,孙晓东.旅游地形象的时间演变与演变机制[J].旅游学刊,2014,29(10):20-30.
[3] 张城铭,张涵.基于Logistic模型对TALC模型各阶段的定量划分:兼论美国十大国家公园的旅游生命周期模式[J].旅游学刊,2017,36(6):86-95.

的方法,使用 Logistic 模型对我国国内旅游和入境旅游进行旅游地生命周期的阶段划分。使用 SPSS26.0 中的曲线估计工具处理数据并求出 3 个时间节点[①]。最后求出 Logistic 曲线的函数表达式。具体路径为：分析—回归—曲线估计—Logistic 模型。

根据以上方法,测算出西藏国内游客拟合曲线、入境游客拟合曲线、国内旅游收入拟合曲线、国际旅游收入拟合曲线以及旅游总收入拟合曲线和旅游总人数拟合曲线,详细见图 7-6～图 7-11。

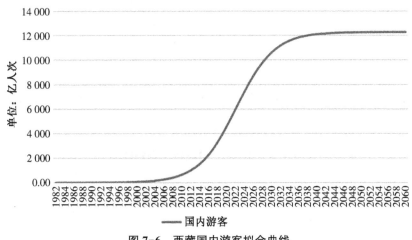

图 7-6　西藏国内游客拟合曲线

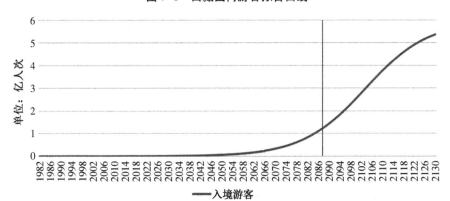

图 7-7　西藏入境游客拟合曲线

---

① 张城铭,翁李胜.我国旅游地生命周期的阶段划分与节点判定：基于国内和入境游客数据的定量分析[J].旅游论坛,2019,12(5)：21-30.

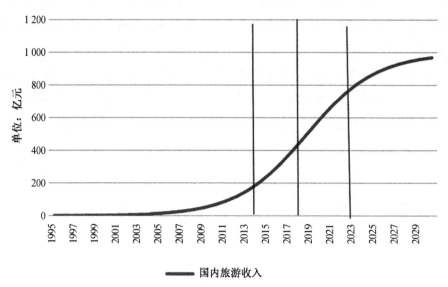

图 7-8 西藏国内旅游收入拟合曲线

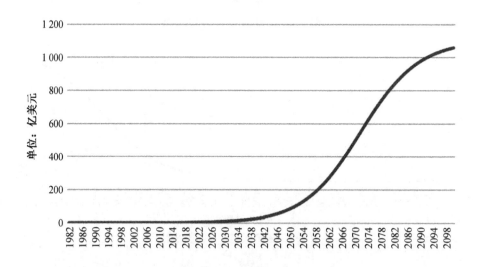

图 7-9 西藏国际旅游收入拟合曲线

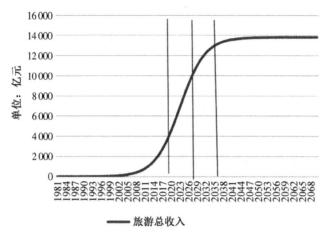

图 7-10　西藏旅游总收入拟合曲线

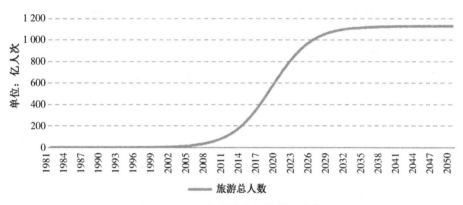

图 7-11　西藏旅游总人数拟合曲线

根据以上旅游人数和旅游收入拟合曲线,将西藏旅游目的地生命周期进行时间节点和阶段的详细划分,见表 7-13。

表 7-13　西藏旅游人数和旅游收入旅游目的地生命周期阶段划分表

指标类型	Logistics 拟合函数	旅游的生命周期阶段
国内游客	$K=1.22707E+16; a=9.815; r=0.238$ $NT=12270682401279500/1+18306.2900801862exp(-0.238t)$ $t=T-1981; R^2=0.997; P=0.000$	时间1:2017 时间2:2022 时间3:2028
入境游客	$K=591920293.6; a=10.405; r=0.085$ $NT=591920293.6/1+33024.3352335685exp(-0.085t)$ $t=T-1981; R^2=0.848; P=0.000$	时间1:2088 时间2:2103 时间3:2119

(续表)

指标类型	Logistics 拟合函数	旅游的生命周期阶段
接待游客总量	$K=1.13034E+11; a=11.135; r=0.293$ $NT=113\,033\,691\,732.129/1+68\,528.157\,624\,5074exp(-0.293t)$ $t=T-1981; R^2=0.998; P=0.000$	时间 1：2028 时间 2：2032 时间 3：2036
国内旅游收入	$K=9\,941\,670.269; a=7.593; r=0.311$ $NT=9\,941\,670.269/1+1\,984.257\,365\,607\,24exp(-0.311t)$ $t=T-1994; R^2=0.998; P=0.000$	时间 1：2014 时间 2：2018 时间 3：2023
国际旅游收入	$K=11\,014\,072.61; a=10.335; r=0.114$ $NT=11\,014\,072.607/1+30\,791.686\,078\,281\,6exp(-0.114t)$ $t=T-1981; R^2=0.951; P=0.000$	时间 1：2060 时间 2：2072 时间 3：2083
旅游总收入	$K=1.38203E+16; a=9.709; r=0.231$ $NT=13\,820\,325\,134\,496\,800/1+16\,465.128\,512\,947\,2exp(-0.231t)$ $t=T-1981; R^2=0.997; P=0.000$	时间 1：2030 时间 2：2036 时间 3：2042

7.5.3 西藏旅游目的地生命周期阶段划分

综合国内国际游客和收入指标，从以上图表可知，西藏旅游目的地生命周期划分国内和国际相差很大，这与西藏区域旅游发展实际相符合。西藏旅游市场集中在国内市场，西藏边境区域多为未开放区域，国外游客少，国际市场刚起步。这主要是由于中国的治藏方略、西藏边境地区特殊政策和政治稳定等因素的影响。

结合西藏旅游目的地发展实际，主要依据国内游客数量和国内旅游收入的时间节点和时间阶段，将西藏旅游目的地 3 个时间节点划分为 2014 年、2022 年和 2028 年。参考我国西部地区国内旅游的旅游目的地生命周期，我国西部国内旅游的旅游目的地生命周期的阶段划分为：①探索—参与阶段（1978—2013 年）；②发展阶段（2014—2020 年）；③巩固阶段（2021—2027 年）；④停滞阶段（2028 年之后）。这与西藏发展阶段相似。截至 2019 年，整体来看，我国西部国内旅游完成了探索—参与阶段，处于发展阶段，还会有一段时间的快速增长。西藏旅游目的地的生命周期划分：

(1) 探索—参与阶段（1978—2013 年，35 年）

1979 年西藏旅行游览事业管理局（筹备处）和中国国际旅行社拉萨分社的成立，标志着西藏旅游业的起步。1980 年是西藏正式接待外国旅游者的第一年。1990 年，西藏制定了《西藏自治区 1991—2005 年旅游业发展规划》，旅游业发展步入有计划、有目标的稳步发展阶段。20世纪70年代末至90年代中期，西藏旅游业以国外客源市场为主；1996年至今，以国内客源为主。经过35年的发展，西藏旅游发展环境明显改善，产业体系、旅游基础设施更趋完善，品牌效益大幅提升，富民惠民效应明显，旅游人数和旅游收入不断增加，旅游业总收入在国内生产总值中所占比重不断上升。除2003年受"非典"，2008年受拉萨"3·14"事件的影响，旅游业收入有所下降外，西藏旅游业在国内生产总值和第三产业产值中所占的比重基本呈快速增长趋势。特别是在2006年青藏铁路通车后，2007年西藏接待游客量达到创纪录的402万人次。"十二五"期间中央将西藏定位为重要的世界旅游目的地，西藏旅游发展迎来了重大的机遇。"十二五"末，旅游业各项目标指标超额完成，其中旅游业总收入完成度达156.7%，旅游人数完成度达134.5%，直接就业人数完成度达106.7%。具体的发展情况详细参见第二章的数据。

(2) 发展阶段(2016—2022年,6年)

这一阶段西藏旅游目的地进入发展成熟阶段，重点是"十三五"西藏的旅游业发展成就，具体发展数据详细参考第二章的内容。这一阶段也是全国旅游业快速发展阶段，进入全民旅游、全域旅游和全时旅游阶段。

(3) 巩固阶段及停滞阶段(2023—2028年,5年)

进入此阶段后，国内旅游人数和旅游收入增长速度减缓或停止增长。如果改变政策加大开放力度，入境游客和国际收入会有增长的空间。

7.6 西藏世界旅游目的地竞争力定量评价

2010年第五次西藏工作座谈会提出要将西藏建设成为重要的世界旅游目的地，"十二五"以来西藏旅游业占GDP比重越来越大，与其他产业融合度越来越高，在统筹配置与系统优化经济社会发展资源方面的作用越来越大，西藏旅游业全面融入全区经济社会发展战略体系，走在国民经济建设的前沿，实现由国民经济战略支柱性产业向主导产业的历史性跨越。基于重要的世界旅游目的地建设目标(力争把西藏建设成为世界高原生态旅游创新区、世界藏文化体验中心、南亚国际旅游合作实验区和世界著名特种旅游目的地)和"十三五"西藏旅游发展规划，把旅游业培育成为国民经济的主导产业，形成较为完善的旅游产业体系等目标,西藏必须实现旅游业可持续发展能力增强,国际竞争力、影响力提升,由旅游资源大区向旅游强区的跨越,建设具有高原和民族特色的世界旅游目的地,而旅游目的地竞争力评价为实现这些目标提供了理论支撑和决策参考。

本研究采取定性和定量分析方法评价西藏旅游目的地竞争力。定性评价基于旅游地域系统要素,结合西藏旅游目的地发展实际进行分析,详见第二章和第五章。在此基础上运用主成分分析法和聚类分析法,选取全国 31 个省市旅游目的地竞争力评价指标,构建评价模型,采用主成分分析法与聚类分析法对各个省市的旅游目的地竞争力状况进行比较分析,判断出西藏旅游目的地在全国竞争力排位,得出结论和建议。

7.6.1 西藏旅游目的地竞争力主成分分析

1) 评价指标体系与数据来源

本文在梳理文献和咨询专家的基础之上,根据西藏旅游目的地地域系统要素,构建了全国旅游目的地竞争力评价指标体系,如表 7-14 所示。全国旅游目的地竞争力评价指标中,一级指标包含 5 个方面:需求条件、自然生态环境、供给条件、旅游相关企业、地区经济社会发展状况;二级指标包含 21 个子指标。为了保证数据的可靠性和真实性,本研究中所需各项指标数据均来源于《中国统计年鉴 2019》《中国文化和旅游统计年鉴 2019》和各省市 2019 年统计年鉴等。

表 7-14 旅游目的地竞争力评价指标体系

目标层	一级指标	二级指标
旅游目的地竞争力	需求条件	国内旅游收入
		国内旅游人次
		全体居民人均可支配收入
		居民消费水平
	自然生态环境	森林覆盖率
		生活垃圾无害化处理率
		建成区绿化覆盖率
		保护区面积占辖区面积比重

(续表)

目标层	一级指标	二级指标
旅游目的地竞争力	供给条件	A 级景区总数
		A 级景区接待人次
		A 级景区旅游总收入
		高等旅游院校数
	旅游相关企业（支持条件）	旅行社数量
		第三产业法人单位数
		住宿和餐饮业法人单位数
		星级饭店数量
		博物馆机构数
	地区经济社会发展状况	铁路里程
		公路里程
		人均 GDP
		第三产业占 GDP 比重

2）评价模型构建

为了构建旅游目的地竞争力评价模型，本研究参考借鉴了国外和国内学者所使用的研究方法与研究成果，利用主成分分析法和聚类分析法测评全国 31 个省市旅游目的地竞争力。

第一，对选定的指标数据进行标准化处理。

第二，进行主成分分析，得到矩阵的初始特征值和累计贡献率，依据累计贡献率大于 85% 的标准选取特征值。

第三，根据主成分分析结果，计算各主成分的得分。

第四，根据各主成分的得分和对应的权重，利用加权综合评价模型计算旅游目的地竞争力，并进行排序。权重为各个主成分的方差贡献率所占比重，加权综合评价模型为：

$$F = \sum_{i}^{k} W_i F_i \quad (i = 1, 2, 3, \cdots, k)$$

式中：F 为综合成分的得分，W_i 为主成分 i 的权重，F_i 为主成分 i 的得分。

第五，根据旅游目的地竞争力评价得分，以平方欧式距离为度量标准，使用组间联结聚类方法，将旅游目的地划分为不同的类型。平方欧式距离公式为：

$$D(x_i, x_j) = \sum_{i,j}(x_i - x_j)^2$$

式中：$D(x_i, x_j)$ 表示 i 目的地和 j 目的地间的距离，x_i 表示 i 旅游目的地竞争力得分，x_j 表示 j 旅游目的地竞争力得分。

3）旅游目的地竞争力主成分分析结果

本研究运用 SPSS22.0 软件对全国 31 个省市旅游目的地竞争力评价指标进行了原始数据的标准化处理，详细见表 7-15。

表 7-15　全国 31 个省市旅游目的地竞争力评价指标标准化数据

描述统计			
	平均值	标准偏差	分析数
国内旅游收入/亿元	5 861.592	3 520.121 2	31
国内旅游人次/万人次	47 082.070 677 745 185 00	29 373.034 761 887 768 000	31
全体居民人均可支配收入/元	28 166.09	11 465.414	31
居民消费水平/元	23 349.42	10 537.688	31
森林覆盖率/%	34.413 2	18.651 09	31
生活垃圾无害化处理率/%	98.13	3.570	31
建成区绿化覆盖率/%	40.19	3.157	31
保护区面积占辖区面积比重/%	9.53	7.453	31
A 级景区总数/个	384.65	246.757	31
A 级景区接待人次/亿人次	1.94	1.601	31
A 级景区旅游总收入/亿元	151.86	149.713	31
高等旅游院校数/个	85.19	48.869	31
旅行社数量/个	1 203.52	797.060	31
第三产业法人单位数/个	1 100 826.19	3 022 142.711	31
住宿和餐饮业法人单位数/个	27 745.16	75 770.744	31
星级饭店数量/个	65 742.81	28 974.673	31
博物馆机构数/个	51.43	7.712	31
铁路里程/公里	10 886.924 968	7 059.309 488 4	31
公路里程/公里	44 102.270 654 838 714 00	31 555.416 260 837 720 000	31
人均 GDP/元	55 891.824 296 774 200 00	37 954.648 556 418 240 000	31
第三产业占 GDP 比重	758.252 751 846 5	531.782 933 339 66	31

对标准化数据进行KMO值检验,检验表现显著(见表7-16),然后,以此作为基础数据进行主成分分析,得到矩阵的初始特征值和累积贡献率等指标,见表7-17。

表7-16　KMO和巴特利特检验

KMO取样适切性量数		709
巴特利特的球形度检验	上次读取的卡方	881.365
	自由度	210
	显著性	000

表7-17所示为主成分分析结果,5个主成分的特征值分别为8.764、4.448、1.517、1.118和1.05,均大于1,累积贡献率已达80.454%,说明5个主成分所代表的信息量已经能够较充分地代表基础数据表里的信息。所以,选择5个主成分能够比较充分地反映和代表各个省市旅游目的地竞争力的水平,更直观的可见图7-12碎石图。

表7-17　矩阵特征值和累计贡献率

组件	初始特征值			提取载荷平方和			旋转载荷平方和		
	总计	方差百分比	累积(%)	总计	方差百分比	累积(%)	总计	方差百分比	累积(%)
1	8.764	41.734	41.734	8.764	41.734	41.734	7.242	34.483	34.483
2	4.448	21.179	62.913	4.448	21.179	62.913	3.349	15.946	50.429
3	1.517	7.222	70.135	1.517	7.222	70.135	2.516	11.981	62.41
4	1.118	5.322	75.457	1.118	5.322	75.457	2.455	11.689	74.099
5	1.05	4.998	80.454	1.05	4.998	80.454	1.335	6.356	80.454

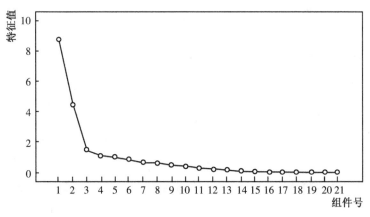

图7-12　碎石图

主成分分析中采用具有 Kaiser 标准化最大方差法。a 旋转在 8 次迭代后已收敛,得到旋转后的载荷矩阵,如表 7-18 所示。

表 7-18 旋转后的成分矩阵

指标	成分				
	F_1	F_2	F_3	F_4	F_5
国内旅游收入/亿元	0.848	−0.054	0.37	0.063	0.175
国内旅游人次/万人次	0.694	−0.232	0.358	0.033	0.342
全体居民人均可支配收入/元	0.04	0.896	0.192	0.275	0.108
居民消费水平/元	0.061	0.91	0.147	0.231	0.167
森林覆盖率/%	0.259	−0.154	0.636	0.18	−0.469
生活垃圾无害化处理率/%	0.227	0.122	0.561	0.048	0.135
建成区绿化覆盖率/%	0.299	0.111	0.655	0.483	0.083
保护区面积占辖区面积比重/%	−0.301	−0.224	−0.78	0.111	−0.219
A 级景区总数/个	0.723	−0.075	−0.003	−0.013	0.382
A 级景区接待人次/亿人次	0.833	0.145	0.103	0.085	0.323
A 级景区旅游总收入/亿元	0.552	−0.415	0.276	0.16	0.213
高等旅游院校数/个	0.695	0.074	0.296	−0.232	−0.217
旅行社数量/个	0.669	0.591	0.144	0.223	0.118
第三产业法人单位数/个	−0.018	0.358	0.09	0.9	−0.032
住宿和餐饮业法人单位数/个	−0.017	0.355	0.077	0.907	−0.021
星级饭店数量/个	0.244	0.152	0.229	−0.018	0.684
博物馆机构数/个	−0.155	0.767	−0.067	0.49	−0.091
铁路里程/公里	0.842	0.368	0.222	0.009	−0.058
公路里程/公里	0.913	−0.064	0.194	0.058	−0.055
人均 GDP/元	0.933	0.02	0.21	0.046	−0.059
第三产业占 GDP 比重	0.887	−0.035	0.2	−0.156	0.103
各指标权重	0.4286	0.1982	0.1489	0.1453	0.0790

由表 7-18 可知,F_1 主成分在国内旅游收入、国内旅游人次、A 级旅游景区总数、A 级景区接待人次、A 级景区旅游总收入、高等旅游院校数、旅行社数量、铁路里程、公路里程、人均 GDP、第三产业占 GDP 比重等指标上有较大的载

荷。上述指标反映的是当地旅游业供给要素和社会经济发展情况，F_1 主成分对全部初始指标变量的方差贡献率为 34.5%，说明供给条件和社会经济发展情况对当地旅游目的地竞争力的影响大，是评价旅游目的地竞争力的重要指标。

F_2 主成分在全体居民人均可支配收入、居民消费水平和博物馆机构数指标上有较大的载荷。上述指标反映的是需求条件和旅游相关企业支持情况，F_2 主成分对全部初始指标变量的方差贡献率为 15.95%，说明需求条件和旅游相关企业支持情况对当地旅游目的地竞争力的影响较大，是旅游目的地竞争力的驱动因素。

F_3 主成分在森林覆盖率、生活垃圾无害化处理率、建成区绿化覆盖率指标上有较大的载荷。上述指标反映的是自然生态环境方面，F_3 主成分对全部初始指标变量的方差贡献率为 11.98%，说明自然生态环境情况是旅游目的地竞争力的重要影响因素。

F_4 主成分在第三产业法人单位数以及住宿和餐饮业法人单位数指标上有较大的载荷。上述指标反映的是旅游相关企业支持方面，F_4 主成分对全部初始指标变量的方差贡献率为 11.689%，说明旅游相关企业支持方面是提升旅游目的地竞争力的重要因素。

F_5 主成分在星级饭店数量指标上有较大的载荷。上述指标反映的是区域经济发展水平，F_5 主成分对全部初始指标变量的方差贡献率为 6.355%，说明区域经济发展水平与旅游目的地竞争力具有相关性。

根据主成分分析结果可以得到 5 个主成分得分表达式和旅游目的地竞争力综合得分表达式，其中 F_1、F_2、F_3、F_4 和 F_5 是旅游目的地竞争力 5 个主成分表达式，F 是旅游目的地竞争力综合得分表达式。

$$F_1 = 0.848X_1 + 0.694X_2 + 0.04X_3 + 0.061X_4 + \cdots + 0.913X_{19} + 0.933X_{20} + 0.887X_{21}$$

$$F_2 = (-0.054)X_1 + (-0.232)X_2 + 0.896X_3 + 0.91X_4 + \cdots + (-0.064)X_{19} + 0.02X_{20} + (-0.035)X_{21}$$

$$F_3 = 0.37X_1 + 0.358X_2 + 0.192X_3 + 0.147X_4 + \cdots + 0.194X_{19} + 0.21X_{20} + 0.2X_{21}$$

$$F_4 = 0.063X_1 + 0.033X_2 + 0.275X_3 + 0.231X_4 + \cdots + 0.058X_{19} + 0.046X_{20} + (-0.156)X_{21}$$

$$F_5 = 0.175X_1 + 0.342X_2 + 0.108X_3 + 0.167X_4 + \cdots + (-0.055)X_{19} + (-0.059)X_{20} + 0.103X_{21}$$

$$F = 0.4286F_1 + 0.1982F_2 + 0.1489F_3 + 0.1453F_4 + 0.0790F_5$$

将31个省市基础数据代入上述旅游目的地竞争力表达式,可获得各个省市的各项竞争力得分,据此进行排序,具体分值和排序如表7-19所示。

表7-19 全国31个省市主成分因子得分与综合评价值

省份	F_1	位次	F_2	位次	F_3	位次	F_4	位次	F_5	位次	F	位次
江苏	1.80945	2	1.17959	4	−0.23781	23	−0.47739	26	1.96081	2	1.0572	1
北京	−0.28182	20	2.04158	2	0.21763	13	4.82073	1	−0.34301	21	0.9899	2
广东	2.23892	1	1.38695	3	0.17819	15	−0.68023	29	−2.28272	31	0.9791	3
浙江	1.0992	6	1.13232	6	0.64398	7	−0.28262	18	0.69579	7	0.804	4
山东	1.54564	3	0.17911	10	−0.78372	25	−0.10214	12	1.46623	3	0.6803	5
四川	1.31376	4	−1.16985	29	−0.63771	24	0.88464	2	0.16498	13	0.3762	6
河南	1.16402	5	−0.33485	18	−0.14916	21	−0.30733	21	0.02516	16	0.3662	7
湖南	0.88291	7	−0.56617	24	0.4749	11	0.1487	7	−0.3906	23	0.3266	8
湖北	0.85412	8	−0.19439	15	0.10239	18	−0.2847	20	−0.77558	25	0.2391	9
安徽	0.28197	10	−0.68038	26	0.57727	10	0.08911	8	1.37914	5	0.1935	10
辽宁	0.27556	11	0.25216	8	−0.16258	22	−0.25685	17	−0.26041	19	0.0856	11
江西	−0.12054	15	−1.69623	31	1.76437	1	0.85382	3	0.72464	6	0.0563	12
河北	−0.13434	16	−0.24044	16	0.77862	6	−0.58041	28	1.41454	4	0.0383	13
贵州	0.5238	9	−1.39747	30	0.12402	17	0.43848	5	−0.01762	17	0.0277	14
上海	−1.08533	28	3.11466	1	0.0665	19	−1.28949	31	0.10547	15	−0.0156	15
广西	−0.17587	18	−0.77369	27	0.9357	4	0.26925	6	0.26508	10	−0.0291	16
福建	−0.46136	22	−0.06959	13	1.73935	2	−0.17979	15	−0.76069	24	−0.0382	17
陕西	0.2196	12	−0.67155	25	0.20191	14	−0.24443	16	−0.16941	18	−0.0581	18
重庆	−0.09889	13	0.34744	7	0.60378	8	−0.8466	30	−1.75313	30	−0.145	19

(续表)

省份	F_1	位次	F_2	位次	F_3	位次	F_4	位次	F_5	位次	F	位次
云南	−0.163 68	17	−0.524 04	23	0.918 96	5	−0.377 18	24	−1.236 47	29	−0.189 4	20
山西	−0.780 53	24	−0.423 81	22	0.580 5	9	0.068 18	9	0.412 35	8	−0.288 6	21
天津	−1.417 88	29	1.157 84	5	−0.058 16	20	−0.483 23	27	2.010 82	1	−0.296 5	22
黑龙江	−0.107 37	14	0.053 92	11	−1.700 48	29	−0.102 16	13	−0.968 54	27	−0.379 8	23
内蒙古	−0.967 35	26	0.246 61	9	0.124 05	16	−0.344 11	22	0.107 15	14	−0.387 6	24
甘肃	−0.260 92	19	−0.293 2	17	−1.630 22	28	−0.139 82	14	0.170 93	12	−0.419 2	25
吉林	−0.367 53	21	−0.340 35	20	−1.078 03	27	−0.048 8	11	−0.804 92	26	−0.455 7	26
新疆	−0.531 79	23	−0.339 59	19	−1.073 59	26	−0.360 62	23	0.262 75	11	−0.486 1	27
海南	−1.535 7	30	0.040 69	12	1.282 06	3	−0.284 35	19	−1.159 94	28	−0.590 3	28
宁夏	−1.783 58	31	−0.193 47	14	0.407 04	12	−0.384 03	25	0.398 67	9	−0.764 3	29
青海	−0.882 93	25	−0.378 04	21	−2.230 2	31	−0.000 07	10	−0.274 44	20	−0.806 1	30
西藏	−1.051 51	27	−0.845 78	28	−1.979 44	30	0.483 44	4	−0.367 04	22	−0.870 5	31

7.6.2 旅游目的地聚类分析

前文从供给条件、需求条件、自然生态环境、旅游相关企业(支持条件)、地区经济社会发展状况五个方面21个指标对全国31个省市旅游目的地竞争力进行综合定量评价,获得了各省市旅游目的地竞争力综合评价得分。在此基础上,使用聚类分析法,根据旅游目的地竞争力强弱将各省市划分为超强、强、较强和弱竞争力4个类型。图7-13为聚类分析谱系图,分别为:

组1:北京、广东、江苏、浙江、山东。

组2:福建、广西、上海、陕西、河北、贵州、江西、辽宁、河南、四川、湖南、安徽、湖北。

组3:内蒙古、黑龙江、甘肃、吉林、新疆、海南、天津、山西、重庆、云南。

组4:青海、西藏、宁夏。

西藏旅游目的地在全国旅游目的地竞争力排名上处于弱竞争力的地位,具体分析每个主成分得分依次可知,西藏旅游目的地旅游相关企业的发展、支持对西藏旅游发展所起的作用大,其他条件如自然环境、供给条件和需求条件等竞争力弱。

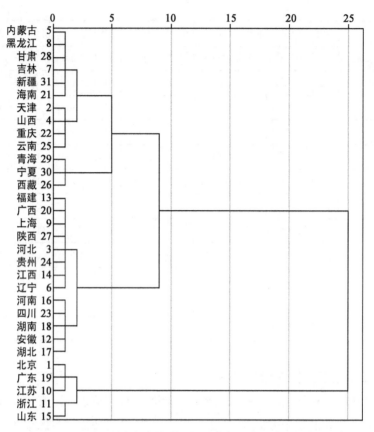

图 7-13 全国 31 省市旅游目的地竞争力聚类分析谱系图

7.7 西藏世界旅游目的地竞争力的时空演变分析

7.7.1 时序上趋于稳定增长,地域综合竞争力末位

从图 7-14 西藏旅游接待人数增长率和图 7-15 西藏旅游收入增长率可以看出,西藏旅游目的地经济总体上呈增长趋势。在 20 世纪 90 年代初期,出现一次高峰,主要是因为入境游客数量的增加;在 2008 年出现一次低谷,主要是由于拉萨"3·14"事件的影响。

通过旅游目的地竞争力的定量分析得知,从供给条件、需求条件、自然生态环境、旅游相关企业(支持条件)、地区经济社会发展状况 5 个方面 21 个指标对全国 31 个省市旅游目的地竞争力进行综合定量评价,获得各省市旅游目的地竞

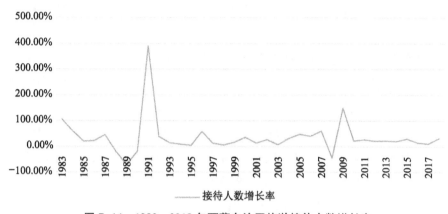

图 7-14　1982—2018 年西藏自治区旅游接待人数增长率

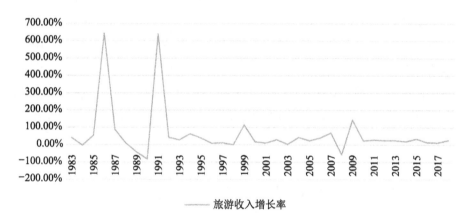

图 7-15　1982—2018 年西藏自治区旅游收入增长率

争力综合评价得分,西藏位于末位。在此基础上,使用聚类分析法得出西藏旅游目的地竞争力为弱竞争力。

7.7.2　空间布局不断优化,遵循点轴发展规律

西藏旅游目的地建设,对接建设重要世界旅游目的地的战略目标,随着西藏自治区旅游立体交通格局的变化,旅游资源的深度开发,旅游产品的多元化结构和旅游多重环线的建设,西藏旅游目的地构建了如下旅游空间布局:"一心、两轴、七区",即一个拉萨旅游中心城市;两条纵横区内、联通区外的旅游发展轴带——东西旅游发展轴带和南北旅游发展轴带;七个以各地市首府为中心、特色鲜明的旅游区,包括拉萨圣地文化旅游区、珠峰生态文化旅游区、藏东康巴文化

旅游区、藏东南生态旅游区、藏源文化体验旅游区、神山圣湖朝觐与探险旅游区、藏北野生动物与生态观光旅游区。逐步形成集群化、网络化、产业化发展格局，为建设重要的世界旅游目的地提供重要支撑。

西藏区域旅游目的地空间格局按照点轴理论发展规律，实施中心带动、轴带拓展、分区开发的战略。

实施中心带动，分三个梯级推进旅游中心城镇建设。一是把拉萨建设成为辐射带动全区旅游发展的中心城市；二是将日喀则市、泽当镇、八一镇、昌都镇、那曲镇、狮泉河镇等六个城镇建成为地区性旅游中心城镇；三是将羊八井镇、江孜镇、鲁朗镇、邦达镇、甲竹林镇、樟木镇、普兰镇、比如镇等建成旅游小康村镇。

实施轴带拓展，形成南北旅游发展轴带。以拉萨为核心，实施南北点轴开发战略。以唐蕃古道为历史文脉，以青藏铁路、公路及中尼公路、拉亚公路为支撑，建设贯穿南北、联通区外的南北旅游发展轴带。以拉萨为核心，实施东西点轴开发战略。以茶马古道、朝山转湖为历史文脉，以川藏线、滇藏线、新藏线为支撑，建设横贯东西、联通区外的东西旅游发展轴带。实施分区开发，以旅游中心城镇为枢纽，以政区为依托，发挥各地发展旅游的积极性、主动性和创造性，建设各具特色的旅游区。

7.7.3 时空重心轨迹及发展趋势特点

通过实地调研和研究各级各类有关西藏规划的文本（如西藏自治区旅游发展总规划、西藏自治区"十二五"旅游规划、西藏自治区"十三五"旅游规划和西藏自治区新型城镇化发展规划等）以及西藏自治区乡村旅游示范网点分布和西藏自治区乡村旅游发展空间布局，结合西藏旅游目的地不同生命周期空间发展特征的不同，分析可知，西藏自治区旅游目的地的时空变化趋势：

1）西藏社会经济又好又快地发展是旅游目的地时空演变的重要基础

西藏是青藏高原的主体部分，作为地球的"第三极"，其独特的地理位置和自然条件对我国乃至世界的发展具有重要意义。西藏和平解放70年以来，社会实现了跨越式发展，从封建农奴制社会跨越到社会主义社会，与全国人民一起摆脱贫困携手步入小康社会。2020年地区生产总值突破1 900亿元、"十三五"期间年均增长8.97%，2020年城乡居民人均可支配收入达到41 156元、14 598元，教育、卫生、社保和就业等在"十三五"期间累计投入2 470亿元，比"十二五"期间增长了 98.3%。铁路网、公路网、航空网不断地延长扩容,电网、互联网等一系列基础设施工程建成投运,为西藏旅游目的地的形成和发展起到了很好的支撑作用,游客数量和旅游收入呈增长趋势,重要的世界旅游目的地已基本确立。

2) 重要的旅游资源分布区成为重要的世界旅游目的地

西藏自治区旅游资源丰富,自然景观、人文景观类别齐全,属于典型的山地旅游目的地。世界级旅游资源分布区现已发展成为重要的世界旅游目的地。如珠峰大本营旅游目的地(拥有珠穆朗玛峰山地旅游资源)、拉萨旅游目的地(拥有布达拉宫、大昭寺、罗布林卡等人文旅游资源)、香格里拉旅游目的地(拥有雅鲁藏布大峡谷、巴松措、鲁朗森林公园等自然旅游资源)等等。

从空间结构特征来看,西藏主要旅游资源分布不均匀。拉萨市和林芝市的主要旅游资源和国家 4A 级以上旅游景区分布相对比较集中。从景区分布均衡程度看,西藏主要旅游资源分布的均匀度很低,呈现出"大珠小珠落玉盘"的分散状,且旅游线路较长。由于地缘相接、地域民族文化相近,区域内旅游资源同质化现象较多,这也是旅游目的地差异化发展的制约因素。

3) 旅游目的地的时空演变轨迹沿着城镇发展建设轨迹而变化

旅游目的地时空演变以拉萨国际文化旅游城市为中心,轨迹沿着区域城镇空间布局,形成了"拉萨—泽当"城镇圈,雅鲁藏布江中上游城镇和尼洋河中下游城镇两大片区城镇,卡若区城关镇、那曲镇和狮泉河镇三大重镇的全区城镇格局的三个支点以及边境小镇、交通沿线小镇和特色小镇等相得益彰、相互发展、相互支撑发展的旅游目的地的多中心、多层次的椭圆形空间格局。以拉萨国际文化旅游城市为中心,加强向南亚区域的开发和融入"一带一路"倡议的国际旅游开发,提升旅游国际化水平。

8 提升西藏世界旅游目的地竞争力的发展战略

目前,随着我国大众旅游时代的来临,国家有关旅游的一系列文件的推出,旅游业的发展上升到国家战略层面。过去以景区、景点为主体的传统观光旅游面临着新的挑战,一个以旅游目的地为吸引物的全地域、全要素、全方位、全社会、全产业链的全新旅游发展格局初步形成,旅游开发出现旅游的空间目的地化、旅游与相关产业融合化、旅游社会化、生活化等趋势。这就需要我们改变传统的旅游景区开发与管理思维,将旅游的开发与管理逐渐目的地化、综合化。注重旅游产品创新与迭代,创新旅游目的地营销模式、旅游投资模式等。在文旅融合方面,"宜融则融,能融尽融;以文促旅,以旅彰文"。另外,旅游小镇和田园综合体等新形态更加丰富了旅游景区类型,也在改变我们传统的对旅游目的地的认知,成为一种新的趋势。

在这个大变局中,西藏旅游目的地的旅游业如何嵌入和融入当地的经济社会发展中,既满足游客的需求,又最大限度地带动当地经济发展;发展旅游业如何能给当地居民带来经济上的收益,而不只是开发商获利;在街区、社区、商业区和景区都成为旅游区或旅游吸引物的情形下,如何协调好外来游客与本地居民的利益冲突;如何控制因旅游流过载可能对资源、环境和生态系统带来的破坏;在城乡规划中如何平衡外来游客与本地居民之间的不同需求等,这些问题都给目的地旅游业经营和管理者提出了新的挑战。

西藏建设世界级旅游目的地的差距主要有:西藏旅游产业发展面临着开放与稳定平衡、生态环境和资源承载力、设施承载力、旅游管理和社区参与服务旅游能力及人才资源短板等瓶颈[1]。要建成重要世界旅游目的地,应立足西藏地

---

[1] 王汝辉.西藏建设世界级旅游目的地差距诊断及战略选择研究:基于SMED评估体系视角[J].中国藏学,2013(3):35-40.

域发展实际,从西藏旅游目的地地域系统视角,采取提升西藏世界级旅游目的地竞争力的发展战略。

8.1 立足资源禀赋,创新产品开发模式,拓展产业发展空间

旅游目的地地域系统中的供需子系统是系统中的支撑系统,其中旅游资源是旅游目的地的源头,旅游产品是旅游目的地形象的核心,旅游产业是旅游目的地的支撑。因此要建成世界旅游目的地,西藏自治区必须立足地域特色的旅游资源,创新旅游产品的开发,拓展旅游产业的发展空间,才能实现世界旅游目的地的可持续发展。

8.1.1 立足旅游资源禀赋,实施旅游资源的分类和分级保护策略

西藏旅游资源具有世界级品质,旅游资源丰富度居全国省级单位前列,代表宏观结构的旅游资源亚类属于丰富级,代表精细程度的旅游资源基本类型属于中上等级。极品级、优级旅游资源达189处之多,地貌景观类占比最高,建筑与设施、水域风光等级也较高。在1 424处旅游资源单体中,极品级旅游资源单体为29处,占调查量的2.0%;优级旅游资源单体为160处,占调查量的11.3%;良级旅游资源单体为409处,占调查量的28.7%;普通级(包括县级)旅游资源单体为826处,占调查量的58.0%。

表8-1显示了西藏自治区拥有极品级、优级、良级旅游资源的基本结构。各旅游资源主类中拥有的旅游资源单体,以地貌景观类基本类型所占的比重最大,占25.59%,其次是建筑与设施(24.08%)、水域风光(20.40%)等。

表8-1 各资源主类极品级、优级、良级单体数量构成比较分析表

主类名称	极品级		优级		良级		小计	
	数量	百分比	数量	百分比	数量	百分比	数量	百分比
地质景观	—	—	2	1.25	4	0.98	6	1.00
地貌景观	8	27.59	51	31.88	94	22.98	153	25.59
水域风光	1	3.45	23	14.38	98	23.96	122	20.40
生物景观	—	—	8	5.00	30	7.35	38	6.36
天象景观	—	—	1	0.63	2	0.49	3	0.50

（续表）

主类名称	极品级		优级		良级		小计	
	数量	百分比	数量	百分比	数量	百分比	数量	百分比
自然为主复合景观	10	34.48	23	14.38	19	4.64	52	8.70
人文为主复合景观	1	3.45	1	0.63	—	0.00	2	0.33
遗址遗迹	1	3.45	10	6.25	39	9.53	50	8.36
建筑与设施	8	27.59	34	21.25	102	24.94	144	24.08
人文活动	—	—	6	3.75	11	2.69	17	2.84
旅游商品	—	—	1	0.63	10	2.44	11	1.84
总计	29	100	160	100	409	100	598	100

（资料来源：西藏旅游局内部资料）

西藏旅游资源丰富，国际知名度很高，但其所处发展阶段导致大量旅游资源的价值尚未被充分实现，很多品质高的旅游资源尚未被开发为世界知名旅游产品。因此，资源基础强但开发弱是西藏旅游的一大特点。此外，西藏拥有的世界遗产、世界地质公园、世界生物圈保护区、中国优秀旅游城市、国家级风景名胜区、国家级森林公园、国家地质公园、国家水利风景区、中国历史文化名城、休闲农业与乡村等的数量，在全国范围内排名都较为靠后；拥有的国家级自然保护区、国家湿地公园、全国重点文物等的数量，在全国范围内排名居中。西藏旅游目的地竞争力在全国排名中排在末位，与世界垄断性的类型丰富和高品质的特性不匹配。究其根本原因在于资源的平面、线性开发。为实现世界性旅游生态资源游憩价值和重要的世界旅游目的地的战略目标，首先应以建设全球高原生态旅游目的地为目标，采取旅游生态资源的立体开发模式，实现旅游生态资源游憩价值；其次，创新旅游生态产品，满足游客的旅游需求和旅游目的地居民需求，实现旅游生态资源游憩价值转化成旅游生态产品，增加市场供给，实现旅游产业的可持续发展。

立足西藏"第三极"旅游生态资源禀赋，践行"两山"理论的理念，采取山水林田湖草等生态旅游资源综合立体开发模式，构建以自然山水、田园风光、文化遗产等为核心的生态旅游资源分类管理体系，对自然保护类、文化保护类和非保护类生态旅游资源进行分级保护；严格保护历史文化村镇、文物保护单位、历史建筑、传统村落等文化保护类生态旅游资源，加强对当地非物质文化遗产、民风民俗等原真性和完整性的保护，减少外来文化对当地文化的干扰和破坏；在旅游资源分类分级管理和保护的基础上,实行区域旅游项目差异化生态设计,为旅游目的地提供满足游客和促进居民发展的生态项目,实现旅游资源的生态价值,详细见表8-2。西藏旅游项目应以生态景观与民俗乡村旅游、藏文化、人与自然和谐统一思想为主题,旅游项目应定位在自然生态旅游资源的开发和保护上,强力推出景观生态观光游、宗教生态文化旅游、民俗风情旅游等旅游项目。

表8-2 西藏旅游项目生态设计

项目名称	旅游资源类型	主题及特色
景观生态观光游	湖泊、草原、森林自然保护生态旅游资源	以丰富的生物多样性景观为主,以原始森林、高原湖泊、神山圣水、千年冰川所构成的美丽山水画来吸引游客,让游客亲近自然,贴近自然,回归大自然,沐浴在自然中,体现人与自然的和谐
养生休闲保健游	泉和森林生态旅游资源	森林浴、呼吸空气负离子,强身健体;泡个温泉澡,祛除疾病,延年益寿
漂流、峡谷探险、冰川观光滑雪游	峡谷、河流、冰川旅游生态资源	在幽深的峡谷和湍急的河流上进行探险、漂流游。此项目主要针对训练有素和有经验的游客,具有很强的冒险性
宗教生态文化游	宗教名山、寺生态旅游资源,宗教文化、景观建筑旅游生态资源	通过藏族宗教文化活动和佛事活动领悟藏传佛教的博大精深和"人与自然和谐统一"的精髓,更好地保护当地的生态环境
乡村民俗风情游	农家、民俗村生态旅游资源和田园风光旅游资源	以浓郁的多民族的服饰、手工艺品的展示和民族歌舞为主题,让游客领略奇异的民风、民俗和民情,沉浸在欢乐的海洋
观光乡村生态游	农家、牧场、渔区和田园风光生态旅游资源	以绿色休闲、体验农村生活为主题开发农业旅游,让游客能领略乡村风光,在乡村做农家活、吃农家饭、享农家乐
探古寻秘生态游	遗址、遗迹和文化保护单位生态旅游资源	以古遗址、遗迹为主,开发具有探秘功能的项目,让游客更好地了解西藏的历史,了解生态旅游资源形成的因素,满足人们对古迹的好奇心
科普观光生态游	自然博物馆、植物园、工业生态园生态旅游资源	以丰富多样的自然生态景观为主,满足人们探索大自然奥秘的好奇心,提高科学知识的普及,通过看实物、图片展览以及亲身体验获得自然知识、认识自然价值,更好保护生态环境

8.1.2 创新旅游产品多元化开发模式

目前,旅游开发呈旅游产品复合化、多元化发展。高原自然生态与藏族人文生态构成了世界独有的"天人合一"的传统旅游资源,具有西藏特点的发展路子形成了具有时代特征的社会旅游资源,这种自然、历史、民族与社会资源的多元组合,可以培育成世界级的旅游品牌。旅游产品的竞争力体现在产品的设计开发理念中。旅游目的地管理层在设计旅游产品时,应充分结合旅游资源所蕴含的生态文化、生态宜居理念,围绕科教、娱乐、休闲、生态保护,塑造目的地的品牌形象。在旅游产品的开发中,可将旅游目的地内生态资源的各项元素,包括景观剪影、植物以及珍稀动物、青藏高原独特生态系统等,融入旅游产品品牌形象中。例如冰川、湖泊、湿地,都在持续为人类提供水资源,起到了区域气候调节、空气湿度调节的重要作用,能够有效改善区域内的空气质量等等,应将这些生态资源的各项元素以及生态文化融入旅游目的地软件和硬件的开发中去。在此基础上设计旅游目的地衍生旅游产品时,应以游客的实际需求为核心导向,充分融合西藏旅游目的地特色资源、生态文化理念,增强旅游生态产品的设计感、实用性;传播目的地的地域特色与生态文化理念,逐渐将旅游目的地的物质形态、文化特色、生态资源融入人们的日常工作生活中,使旅游目的地地脉、文脉和人脉相结合的、具有地域文化特征的旅游生态产品能进一步增强目的地品牌的行业竞争力,增强旅游目的地的客户黏性,进一步提升旅游目的地的社会效益、经济利益和生态效益[①]。

8.1.3 实施旅游产业融合发展战略,拓展产业发展空间

21世纪是生态文明时代,产业发展呈现出融合化和生态化趋势。产业生态化是我国乃至世界经济社会环境协调发展的基石。旅游产业生态化的核心是产业融合。旅游产业融合的客体包括融合型旅游产品和旅游新业态。狭义上,旅游产业融合的客体就是融合型旅游产品。旅游产业融合方式:资源融合机制、市场融合机制和技术融合机制[②]。实施西藏旅游目的地产业融合化和生态化发展战略,要借助国家"一带一路""乡村振兴"等重大倡议和战略,顺势而为,积极推动文化和旅游领域的改革,重点在文旅融合、农旅融合、藏医药产业与旅游产业融合和产城融合。

1) 文旅融合

文化是旅游的灵魂,旅游是文化的载体。发挥世界级特色文化资源的品牌

---

① 尹恒.基于生态文化理念的旅游文创产品设计策略[J].轻纺工业与技术,2021,50(3):125-126.
② 廖春花.泛珠三角区域合作背景下的云南旅游产品结构调整初步研究[D].昆明:云南师范大学,2006.

优势,打造中华民族特色文化保护地。推进八角街申报世界文化遗产,整合布达拉宫、大昭寺、八角街、罗布林等资源,创新建设历史文化型国家公园。改造升级西藏博物馆,加强其与世界著名博物馆的文化交流活动,将其建设成西藏文化展览与创意体验中心。有序推进林芝市藏东南文化博物馆、日喀则市藏文化博物馆、山南市雅砻文化博物馆、西藏藏医药文化博物馆等项目的建设、创新和提升。

2) 农旅融合

西藏特色农业围绕旅游转型,以旅兴农,唱响"高原牧歌",做精"雪域乡约",实施乡村旅游振兴富民工程。重点开发藏北草原牧区旅游、当雄草原牧业旅游、雅江河谷农牧业旅游、拉萨河谷乡村休闲旅游、雅砻河谷农牧业文化旅游、尼洋河农牧业生态旅游和三江峡谷农牧业生态旅游等产品,对特色优势农牧业产品进行加工,把高原特色健康养生保健品做成旅游商品,进行销售,提升农副产品附加值。做强做大一批高原休闲农牧业产业基地、高原特色健康养生基地、国家级休闲农业与乡村旅游示范县(点),培育壮大一批休闲农牧业龙头企业。积极开发"藏地江南"林芝片区、"人类生命的禁区"羌塘片区和"冰雪之乡"珠峰片区的森林旅游。

3) 特色产业与旅游产业融合

如藏药产业与旅游产业融合。藏药文化与藏药产业是源远流长、一脉相承的。从藏药文化这一文化软实力着手,大力发展具有藏民族医药文化特色的藏医药产业,提升藏药企业的竞争力。以藏药文化为依托,整合市场营销能力,开发藏药产业与旅游产业融合的旅游产品,推广藏药的养生功效,大力发展藏药休闲养生旅游,推广藏药生态文化。

4) 旅游产业与新型城镇化融合

贯彻落实《西藏自治区新型城镇化规划(2014—2020年)》和《西藏自治区主体功能区规划》关于西藏自治区重点发展区域的战略思路,统筹考虑高原生态山水、藏文化传承、边境贸易发展、高原农牧业发展以及旅游扶贫开发与新型城镇化建设的关系。大力推进一批国际旅游城市、休闲农牧业示范县、特色旅游小镇和藏族民俗旅游村建设,带动区域内的产业发展、民生改善、文化传承与形象提升。通过3个国际旅游城市(拉萨市、日喀则市、林芝市),5~7个国际旅游小镇(如鲁朗镇、江孜镇等),5~10个生态康养度假小镇(如温泉度假小镇、藏医药康养小镇等),5个边贸旅游城镇(樟木、吉隆、亚东、普兰和日屋),10~15个藏文化特色旅游小镇，15～20个休闲农牧业小镇和若干藏族民俗旅游村(包括藏族人家、森林人家、民族手工艺村等)的建设，实现旅游驱动新型城镇化发展，实现产城融合发展。充分挖掘以农牧民为主体的乡村风光与以拉萨、日喀则、林芝等为重点的城镇风貌等资源，以彰显特色文化底蕴和保持本土建筑风貌为原则，以产城结合为思路，以六条旅游环线为基础格局，与西藏新型城镇化规划布局充分对接，走以发展旅游驱动城镇要素发育、城镇功能完善，以服务经济为主导的新型城镇化道路，建设"小而美、小而特、小而富"的产业驱动型小城镇。

8.2 实施旅游目的地分类施策发展战略

旅游学的研究已经从旅游要素研究转向集合各种旅游要素空间的旅游目的地研究。旅游目的地是旅游者到访的目的地，是地方旅游业的载体，是旅游要素的集聚地。旅游目的地的建设与管理关系到旅游者的旅游体验；旅游目的地产业的发展关系到地方形象塑造，关系到旅游目的地社会、生态和经济的和谐发展[①]。

西藏山水湖河区域可重点发展自然山水类生态旅游，开发亲近自然、健康养生、山水运动等生态旅游产品。乡村景观富集、田园要素优越的区域可重点发展田园风光类生态旅游，开发观光农业、体验农业等乡村生态旅游产品。世界文化遗产、民俗等文化遗产丰富的区域可重点发展文化遗产类生态旅游，开发文化体验、传统节庆、手工制品等生态旅游产品。主城、小城镇及其周边区县可依托近郊优势，打造花卉观赏、水果采摘、野外垂钓等近郊生态旅游。森林以及温泉等地热资源富集区可积极发展森林康复疗养、温泉养生等旅游产品。珞巴族、门巴族等少数民族聚集村可积极挖掘少数民族资源，开发民族风情旅游产品[②]。

西藏的旅游目的地发展应坚持因地制宜，突出地域旅游资源类型特征和文化优势，推动特色化发展；完善梯度化的旅游产品体系，包括低端、中端、高端各种档次的产品等，构建互补的旅游产品群，满足不同层次的旅游者的需求。要进

---

① 黄安民.旅游目的地管理[M].武汉：华中科技大学出版社,2016.
② 闫记影,何志明,金贤锋,等.重庆市生态旅游资源潜力与开发利用条件评价[J].地理空间信息,2019,17(5)：111-115.

一步优化旅游产品结构，提升传统经典观光旅游产品的内涵，加快推进山地旅游、康养旅游、户外游憩等现代休闲度假产品体系和高端旅游产品的开发，努力提升西藏区域旅游产品吸引力和附加值。

8.3　优化区域旅游空间结构，采取"点—轴—面—圈—网"空间发展模式

西藏自治区在"十三五"规划中提出的西藏旅游目的地在空间结构上的"12345"旅游空间布局——一心（以拉萨为中心）、两区（林芝国际生态旅游区、冈底斯国际旅游合作区）、三廊（茶马古道、唐竺古道、西昆仑廊道）、四环（东、西、南、北四条精品环线）、五圈（珠峰生态文化旅游圈、雅砻文化旅游圈、康巴文化旅游圈、羌塘草原文化旅游圈、象雄文化旅游圈），加快由景点旅游发展模式向全域旅游发展模式转变。在"十四五"规划中提出构建区域发展新格局，着力构建"一核一圈两带三区"发展新格局。做大做强拉萨核心增长极，建设重要的国际文化旅游城市、面向南亚开放的区域中心城市（一核：拉萨核心增长极）。打造三小时经济圈，以拉萨为中心，辐射日喀则、山南、林芝、那曲，加快"拉萨—山南"一体化进程，发挥日喀则面向南亚开放前沿地区优势，将林芝建成全国知名的生态旅游、休闲度假和养生基地，提升那曲在藏北地区重要节点城市地位，打造西部地区重要经济圈，发挥其对全区经济社会发展的重要支撑和引领作用（一圈：以拉萨为中心，辐射日喀则、山南、林芝、那曲的三小时经济圈）。两带：边境沿线发展带、铁路经济带。三区：藏中南重点开发区、藏东清洁能源开发区、藏西北生态涵养区。

西藏自治区通过空间布局规划，促进了西藏旅游目的地旅游发展空间格局的形成和区域发展新格局的确立，明确了旅游目的地各功能分区的范围以及旅游开发的功能定位与方向，明确了西藏旅游目的地未来旅游空间结构发展的方向。同时，西藏自治区在"十二五"时期旅游业发展规划中提出了"2456"的总体发展空间格局，即"两心、四廊道、五区、六环线"，着力打造藏中国际旅游目的地、藏东"三江"流域精品旅游区、藏西特色旅游大区。从"十三五"时期旅游业发展规划的旅游空间布局可以看出，西藏旅游目的地旅游集聚区和产业集群发展也形成了一定的规模，显示出西藏地域旅游在空间范围中日渐成熟化的布局，且旅

游目的地发展遵循"点—轴—面—圈—网"的空间发展规律。只有旅游目的地出现网状模式时,区域旅游目的地格局才能最终形成。

在建设世界级旅游目的地的过程中,西藏区域还需要依托优势旅游资源,依托拉萨等城镇地域旅游系统建设城市型旅游目的地景观格局,依托乡村地域旅游系统建设乡村型旅游目的地景观格,实现从数量型向质量型、从粗放型向集约型、从观光游览型向休闲体验型的转化,实现区域范围内景观格局的完善与发展。同时,在以拉萨为一个核心的基础上,逐渐发展次核心范围,增强区域旅游的整体实力和竞争力,打造多区块、多核心的空间模型,以吸引国际游客的眼球。

8.4 实施旅游目的地四化同步建设战略

旅游目的地是一个地域系统综合体,建设世界旅游目的地要实施旅游目的地的区域一体化、品牌化、市场化和国际化发展战略,四位一体、四化同步发展战略。

随着大众旅游时代的到来,我国旅游业形成了国际化发展趋势,与周边国家或区域联合,依托其市场形成区域联动,克服地理空间障碍,打破空间格局的限制,联合开发客源市场,走可持续发展重要路径。同时,旅游目的地发展与区域自然、政治、经济相互影响,从系统科学角度出发,旅游目的地的发展过程实际上就是其旅游地域系统内部运行及发展演化的过程。因此在市场化的前提下,以利益增量为前提,深化区域旅游合作的广度和深度,从点上合作转向面上合作,从行业合作转向产业合作,从政府间合作转向全民合作,从政策层面的合作转向操作层面的合作,采用现代科学技术和信息技术,大力发展智慧旅游产品,积极培育具有国际竞争力的新产品,丰富和完善旅游产品体系,不断增强旅游产品的国际影响力和提高品牌认知度,努力提升旅游产品的质量和国际化水平。加大低碳旅游、绿色旅游、康体旅游等新兴旅游产品的开发力度,推进西藏旅游示范区、低碳旅游目的地等项目建设,促进旅游与资源环境的和谐发展,形成多层面、全方位的旅游合作体系,实现市场化与旅游目的地区域一体化、国际化相协调。西藏旅游目的地建设需要以利益增量为前提,建立合理有效的利益分享机制;合理调动利益相关者,提高合作成员满意度;建立西藏区域旅游合作示范区,树立区域经营和经营区域的理念,建立旅游目的地整体旅游市场,充分发挥区位联动优势,深挖文化内涵,携手合作,借助援藏省份的大城市在海外知名度高的优势,带动并培育新的旅游热点和增长点,形成旅游合力。

8.5 西藏世界旅游目的地可持续竞争力保障机制

8.5.1 发展服务经济,提升服务质量,实现旅游服务精品化

旅游目的地服务是指旅游目的地旅游企业及相关部门为旅游者提供的服务,是旅游地域系统中的辅助子系统。旅游目的地服务体系是旅游目的地更好地为旅游者提供全面周到的服务,众多旅游企业及相关部门提供相互联系、相互影响的有机组织序列服务的系统。在空间上,表现为旅游经济地域综合体。旅游目的地服务发展必将成为一个涉及面广、体系健全、功能完善、人性化与标准化结合的旅游目的地服务体系[1]。

构建西藏全域旅游服务集群为世界级旅游目的地建设提供了支撑平台,融合硬件和软件配套设施,营造国际国内区域旅游合作的氛围,有效增强西藏区域旅游竞争力。根据西藏区域旅游产业的空间分布,依托青藏高原全球"第三极"自然空间,打造若干个有竞争力的跨行政区的旅游服务集群,形成合理的空间布局。通过旅游产业和旅游品牌相互融合,提升西藏旅游目的地竞争力。首先在重大旅游的开发和经营方面,建立跨区域的利益共享机制,实现跨区域融资投资。其次在旅游经营方面,创造条件,协调政策,利用资本的手段,打破所有制的界限,充分发挥该区域民营经济的积极性,促进建立地区知名的旅游企业品牌,形成具有竞争力的旅游经营体系,并向更大的区域范围扩展。最后,在世界级旅游目的地进程中,应以服务标准化为手段,加快旅游信息基础设施的标准化建设,出台一系列提升旅游软实力的地方旅游标准,重点推进旅馆业、景区(点)的统一服务标准,逐步推进诚信旅游标准、生态旅游产品标准、乡村旅游产品标准等的建设,彰显世界旅游目的地的示范与创新效应。从旅游交通、旅游规划、旅游信息、旅游人才、旅游产品、旅游管理等方面着手制定标准,建立结构合理、层次分明、科学适用、重点突出的旅游标准化体系,为旅游产业的发展提供坚强有力的支撑,加快西藏区域旅游业现代化、规范化发展水平,提高旅游服务质量和

---

[1] 黄安民.旅游目的地管理[M].武汉:华中科技大学出版社,2016.

产业竞争力。

8.5.2 加强配套建设,构筑具有国际水平的旅游公共服务体系

构建服务型政府,改变工作方式,强化社会管理和公共服务职能,以国内外旅游者为服务对象,增加公共服务产品的供给,完善旅游公共服务体系,提高旅游者的消费满意度。通过资源整合、文化组合、产业融合以及区域竞合等方式打造整体政府,搭建促进旅游业发展的公共平台,形成多方促进旅游业发展的合力。按照转变职能、权责一致、强化服务、改进管理、提高效能的要求,深化行政管理机制改革,从突出行政管理转向突出依法管理,从突出行政管理转向善于综合治理,从注重负面整治转向加强正面引导。健全旅游监管体系,完善旅游质量监管机构,加强旅游服务质量监督管理和旅游投诉处理。积极推进建设公共旅游信息服务网络,加快城市旅游信息服务中心和中外文旅游标志系统的建设,加强旅游信息引导与管理。

创建完整的旅游组织和管理机构体系,清晰界定相关部门的职能和任务,实现各部门职、责、权统一,提高综合治理能力。对旅游市场的相关制度进行规范,对乡村旅游企业进行标准化管理使其经营更加合理化,为旅游服务质量建立完善的评价标准,标准化和规范化乡村旅游的发展。避免联合执法,组织建设专门的旅游警察,对旅游行业涉及的方方面面进行相关专业的检查,对旅游可能存在的安全方面的问题进行专业层次的排查和整治,对旅游的相关投诉事件进行专业化的处理。组织建设旅游车载式临时法庭,专业且快速地就地解决一系列旅游地的纠纷。

8.5.3 统一西藏区域旅游整体形象,推行联合营销

目前,西藏旅游目的地旅游整体形象不统一。西藏自治区旅游形象经过了多次的演变,从"世界屋脊·神奇西藏"主题形象,到"人间圣地·天上西藏"品牌形象,西藏全力打造"高山、雪域、阳光、藏文化"旅游品牌,推出了以高山雪域资源为主体的雪峰峡谷极地体验游产品,以自然生态资源为主体的森林、湖泊、草原风光观赏游产品,以藏文化为主体的名胜古迹、民俗风情文化游产品,打造提升了全区各地的民间节庆旅游产品和"幸福在路上"等文化旅游产品,使西藏旅游产品更加丰富完善,更具参与性和娱乐性,更具吸引力。在网络上营造"大美

西藏"旅游目的地形象。"大美、圆梦"这些词语几乎占据了所有西藏旅游博客的显眼位置,成为当前西藏旅游目的地形象最有力的宣传口号[①]。整合区域内的资源配置和特色,统一区域旅游整体形象是建设整体目的地的重要前提。

西藏旅游区域一体化打造三小时经济圈,区域旅游联合营销也应进入探索实践阶段。可以采取的策略有:创新观念,树立区域旅游联合营销的共赢理念;健全机制,建立区域旅游联合营销的运作机制,区域旅游联合营销的成功开展依赖于一个有效的运作机制;树立品牌,打造区域旅游联合营销的品牌形象;借助大型节事活动,构建区域旅游联合营销的新载体,旅游业是区域旅游形象强依赖型的产业,良好的区域形象对本地旅游业的发展有巨大的推动和刺激作用;大力应用新技术,不断创新区域旅游联合营销的新手段。

8.5.4 提升旅游教育水平,开拓国际化人力资源培养体系

旅游目的地人力资源管理开发是一项复杂的、系统性的工程,这个复杂的、系统性的过程可以分成若干个步骤,各个步骤环环相扣,经过反馈、调整,形成一个工作环,实现旅游目的地人力资源开发的目的。旅游目的地人力资源开发过程,如图 8-1 所示。

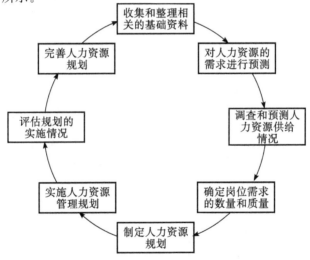

图 8-1 旅游目的地人力资源开发过程图[②]

---

① 谢云虎,鄢志武,尼玛.基于网络游记的西藏旅游目的地形象感知研究[J].西藏科技,2019(1):6-13.
② 黄安民.旅游目的地管理[M].武汉:华中科技大学出版社,2016.

西藏旅游目的地应充分利用区域内外旅游院校合作关系,大力引进旅游资源开发、市场营销、经营管理、信息技术咨询等领域旅游服务人才,抓好有规模、有实力、有特色的旅游培训基地建设,加大旅游教育和科研投入,加强校企合作,提升旅游教育合作水平,促进区域内旅游人才培养的国际化,努力培养一批精通业务、熟悉国际规则、熟练掌握外语、涉外工作能力强的复合型国际化旅游人才。

建立健全国际化旅游人才激励和培训机制。认真落实和完善各项吸引和培养旅游人才的政策,鼓励政府、旅游院校、旅游企业聘请跨行业、跨学科、跨地域的旅游市场开发、经营管理等方面的顾问。加大培训力度,加强对高端旅游产品的专业营销队伍建设。通过多渠道、多形式、多层次的教育培训,全面提升旅游行政管理人才、企业经营人才和专业技术人才队伍的整体素质,为规范管理行业发展提供人才保障和智力支持。完善旅游人才开发体系,优化旅游人才开发环境,构建畅通有序的旅游人才交流平台,努力使旅游人才在总量、结构和素质上适应西藏未来建设世界级旅游目的地发展的需求。

8.5.5 实施旅游产业生态化发展机制

旅游产业生态化发展战略重点是构建高效的高原旅游产业生态体系,促进旅游产业生态化建设。旅游产业生态化发展就是要降低消耗,减少污染,提高经济运行的质量和效益,增强可持续发展能力[①]。构建旅游产业循环产业链。在旅游产业生态化顶层设计上实现人与自然和谐的目的,把资源、能源、环境等因素循环应用,形成一条旅游产业循环产业链。生态旅游、文化旅游、参与旅游和休养旅游被普遍认为是在全球范围内即将普及的四种新兴旅游。优化西藏旅游产品结构,建设以生态旅游和休闲度假游为主的旅游产品结构,促进旅游产业与文化产业、农业等产业的融合。推进旅游产品生态化发展对西藏旅游地可持续发展调控具有重要的现实意义。坚持环境友好的原则,规范发展高山冰川生态游、森林峡谷生态游、湖泊湿地生态游、高原生物生态游、高原农牧业生态游等市场相对较大的一般生态游产品。

实施旅游产业的生态管理,建立产业共生网络发展战略。构建产品结构和

---

① 杨文凤.西藏藏医药产业生态化路径探讨[C]//中国环境科学学会.2014中国环境科学学会学术年会论文集.成都:中国环境科学学会,2014.

旅游产业体系及格局,要运用现代技术,提高产业自动化、数字化和非物质化水平,建设智慧旅游目的地。推动企业实施绿色供应链管理和清洁生产,降低旅游污染排放,做好废物资源化及污染控制,通过政策引导和舆论宣传,倡导生态循环经济,鼓励旅游企业开展资源综合利用,发挥产业集聚效应,实现旅游资源配置效率的进一步提高,走出一条低碳旅游产业的生态路径,构建旅游产业生态共生网络[①]。根据产业生态学原理和循环经济理念规划旅游产业,通过产业系统内物质、能量和信息的正确设计,模拟自然生态系统,形成旅游企业的链状共生和网状共生的一个封闭的生态产业链,使旅游产业系统宛如一个生态圈,有序而协调地向前发展。

8.5.6　创新旅游目的地管理机制

1) 政府层面

加强立法和执法力度;配合有力的经济手段;完善旅游资源管理体系;在各级旅游发展规划中,突出强调可持续发展与环境保护意识;采取多种教育手段。

2) 旅游企业层面

要遵循生态规律去开发旅游产品;旅游企业在开发旅游产品时,应主动接受有关管理部门的监督,按照生态规律和环境资源的永续利用原则,建设与自然环境、历史文化相协调的旅游设施,努力使旅游区成为人们游赏美景的最和谐的理想家园;旅游企业在生产过程中应承担引导消费者的责任,积极倡导生态旅游、环保旅游,倡导以消除旅游区环境污染为己任的参与性旅游。

3) 旅游者层面

旅游者应具有强烈的生态意识,降低对旅游舒适度的要求,避免为了自身的舒适和方便损害当地的生态环境;旅游者更应关注当地的生态环境,具有一定的环境责任感,并将环境责任感转化为具体的环境保护行动;不仅严于律己,而且还监督其他人的不负责任行为。

8.5.7　实施旅游危机预警机制

世界旅游组织(UNWTO)将"影响旅游者消费信心和消费需求,危及旅游业

---

① 杨文凤.西藏藏医药产业生态化路径探讨[C]//中国环境科学学会.2014中国环境科学学会学术年会论文集.成都:中国环境科学学会,2014.

持续健康发展的、难以预料的事件"定义为"旅游危机",并认为"这类事件可能以无限多样的形式不断发生"。亚太旅游协会(PATA)认为"旅游危机"是"破坏旅游业各个利益相关者的潜能的各种自然或人为灾害"。旅游业的综合性、依赖性、季节性和异地性等产业特征,决定了旅游业的高度敏感性。当发生政治、经济、文化、社会、自然等突发危机事件时,旅游业是整个国民经济系统中最易受到冲击的行业,也是经济和社会变化的预警器。旅游目的地作为旅游产品的空间承载体,其形象在游客做出旅游决策时起着重要作用。旅游目的地的危机事件是否得到妥善处理,直接影响了游客对旅游目的地的评价,进而影响到目的地旅游的可持续发展。要实现对旅游目的地危机的有效管理,首先,必须要清楚旅游危机的类型、特征、生命周期、形成机理和影响路径。其次,按照危机的演化情况,参照危机管理的模型,建立起动态的危机管理系统。最后,构建旅游目的地危机管理机制,包括危机前的预控和预警、危机中的治理和危机后的应对措施,这也是旅游危机管理的根本内容。这三部分工作连环有序、逐步递进,与旅游危机发展过程相对应[①]。

实际上,对于旅游目的地来讲,旅游危机可能威胁到旅游相关企业的正常经营和管理,并破坏旅游目的地的有关安全、吸引力和舒适程度的整体形象,从而导致旅游经济下滑,严重影响当地的政治、经济和文化生活。因此,应建立相应的旅游应急保障设施体系;加强旅游危机宣传教育,提高危机意识和应对危机的能力;保证顺畅的信息流通和组织沟通;相信与发挥媒体的力量;重视危机后旅游目的地的宣传。

---

① 邹统钎.旅游目的地管理[M].北京:高等教育出版社,2011.